DU MÊME AUTEUR

Tit-Coq, les Quinze, éditeur, 1950/1980.
Bousille et les Justes, les Quinze, éditeur, 1960/1981.
Hier, les enfants dansaient, Leméac, 1968 (et édition scolaire, Leméac, 1972).
Les Fridolinades, 1945 et 1946, les Quinze, éditeur, 1980.

À paraître chez les Quinze

Les Fridolinades, 1941 et 1942
Les Fridolinades, 1938-1939-1940

Je tiens à exprimer ma gratitude au Conseil des Arts du Canada pour son aide, qui m'a permis de mener à terme la compilation, après des décennies, du texte des neuf revues de Fridolin présentées de 1938 à 1946, ainsi que des documents visuels qui les accompagnaient.

G.G.

Gratien Gélinas

les fridolinades

1943 et 1944

Présentation par Laurent Mailhot

Couverture : photographies de Marc Audet
maquette de Gaétan Forcillo
Intérieur : photographies de Henri Paul

LES QUINZE, ÉDITEUR
(Division de Sogides Ltée)
955, rue Amherst, Montréal
H2L 3K4
tél. : (514) 523-1182

Distributeur exclusif pour le Canada :
AGENCE DE DISTRIBUTION POPULAIRE INC.
(Filiale de Sogides Ltée)
955, rue Amherst, Montréal
H2L 3K4
tél. : (514) 523-1182

Dépôt légal, 1er trimestre 1981
Bibliothèque nationale du Québec

ISBN 2-89026-268-5

Présentation

Du Troisième front
à la Conférence du rire

> « En tout cas, luttons ! Luttons tou-
> jours : pour quoi, on verra après ! »
> King-Fridolin

Voici, en remontant l'histoire, le deuxième volume des *Fridolinades*, qui en comporteront quatre. Le public et la critique ont aussi bien reçu le texte (et les illustrations) du premier volume en 1980 que les spectacles en leur temps.

La guerre quotidienne

En 1943 et 1944, on était en pleine guerre ; mais la lumière filtrait au bout du tunnel. L'espoir des Alliés s'affirmait de mois en mois ; l'Axe fasciste piétinait, reculait. Les sixième et septième revues de Gratien Gélinas, présentées comme *le Troisième front du rire* et *la Conférence du rire* arrivent au moment opportun. La situation n'est plus désespérée, elle est seulement difficile, embêtante, parfois ridicule. La guerre s'est installée, encroûtée dans la vie quotidienne : c'est là que les revues *Fridolinons* vont la débusquer.

Les métaphores militaires abondent dans la publicité et la critique des spectacles aussi bien que dans le texte même de Gélinas : « Fridolin se débat sur trois fronts », « excellentes recrues », « camouflage », « stratégie », « marches », « ligne de défenses », « veillée d'armes », « Armée du Rire ! », « grande armée de la gaieté », etc. La lutte politique entre le Maréchal (Pétain) et le Général (de Gaulle) est évoquée. John Bouboule (Churchill), l'Oncle Sam (Roosevelt) et Joseph 1er (Staline) se partagent le monde à Québec, invités par King Premier, comme plus tard à Yalta.

Fridolin apparaît en petit Napoléon, mais surtout en consommateur frustré, amant dépité, organisateur débrouillard. Car c'est « l'arrière-front », l'arrière-cour, les arrière-pensées qui intéressent notre héros, plutôt que la « guerre totale », le jeu parlementaire ou la propagande officielle. Fridolin fait la guerre à la guerre à sa façon, en toute liberté, sans autocensure.

Les moeurs du temps de guerre sont dessinées d'un trait précis : titres et décorations, rationnement, récupération, indulgences, timbres d'épargne et « bons de la Victoire », marché noir, annonces commerciales anglaises, slogans grossiers, mode (« pas d'turn-ups aux pantalons »), problèmes du logement et du transport, pique-niques à la Chapelle de la Réparation, lecture de *Radiomonde*, éducation sexuelle accélérée... Les grivoiseries fusent et on joue agréablement sur les mots. La Recrue qui souhaite avoir sa « décharge » est soumise à un « enjôlement » volontaire. Le « méchant petit garçon » joue à la cachette (mixte) dans les ruelles, pendant que le « bon petit graçon » s'amuse en solitaire « avec son moine et ses billes ».

Travail, famille, commerce

Une question plus importante est celle du travail des femmes en usine. Gratien Gélinas l'aborde dans divers sketches et sous plusieurs aspects : du point de vue des enfants, des politiciens et autres maris, des travailleuses elles-mêmes. Dès le premier tableau de *Fridolinons 43*, on lave son linge sale en famille, ce qui donne le ton, intime, familier, du spectacle. La mère de Fridolin travaille « dans les munitions » et non pas, bien sûr, dans les industries à la technologie avancée, comme en Ontario. On ne lui apprend rien, on l'utilise, en attendant de la renvoyer au tricot.

Les tableaux du dramaturge sont confirmés par les témoignages et analyses. « Par exemple, dans une usine que nous pourrions nommer, dans la nuit du premier de l'an, à minuit, on ferma les portes de façon qu'aucun ouvrier ni aucune ouvrière ne puissent s'échapper et, après avoir distribué de la boisson en forte quantité, on éteignit les lumières. On devine le reste », écrit une militante syndicale [1], qui cite d'autre part, dans sa « tragique saveur », la lettre d'une ouvrière, mère de famille :

> « ... Je travaille à une shop de munitions depuis cinq mois ; je suis Inspecteur du Gouvernement dans la munition ; je suis forcée de laisser ma position à cause de l'ouvrage trop forçant que nous sommes obligées de faire. Nous faisons l'inspection des shells pour les canons ; chaque shell pèse 25 lbs ; il nous faut lever chaque shell 4 fois, l'inspecter et la puncher, afin qu'elle se rende à la peinture pour être peinturée. Le Boss de la Compagnie est au pourcentage... » [2]

« Moralité de guerre », « Est-ce ainsi qu'on fait la guerre sainte ? », « Que sert à l'homme de gagner l'univers... » sont des titres d'époque dans *Relations*, *l'Action nationale*, *le Devoir*, dont les préoccupations sont

---

1. Jeanne Duval, dans *Relations*, no 36, 1943, p. 327. Cité dans *le Québec en textes 1940-1980* (en collaboration), Montréal, Boréal Express, 1980, p. 39.
2. *Ibid.*, p. 40.

partagées aussi bien par le président de la C.T.C.C. (future C.S.N.) que par la J.O.C. ou l'École sociale populaire [3].

En réponse aux affiches comminatoires qui leur assignent un double ou triple effort de guerre, le quatuor féminin de « La guerre totale » — *shift* de nuit dans une avionnerie — réplique vigoureusement : « Écoutez, là, vous : on peut toujours pas avoir des enfants puis sauver la race en même temps ! » Ce sketch de 1943 n'a pas de *happy end* : « ... on va-t-y laisser Hitler venir ici détruire nos familles ? Jamais ! On va lui montrer qu'on n'a pas besoin de lui pour ça... puis qu'on est capables toutes seules ! » Ces quatre membres ou « membresses » de l'Union des Weldeuses — la jeune Angélique, mesdames Labonté, Ladouceur et Latendresse — parlent presque comme *les Belles-soeurs* de Tremblay, à coups de « saint-simonaque ». Leurs soeurs de « La grève des ménagères » reprennent, elles, en 1944, la tactique de *Lysistrata* : grève (légale) du ménage et du sexe, chantage sentimental et électoral. Les femmes finissent par glisser d'« Aux armes, citoyennes » au langoureux « Je me sens dans tes bras si petite ». Mais c'est la diminution du commerce, plutôt que l'éloignement conjugal, qui convainc le Gouvernement de céder.

Contre-propagande

La langue des *Fridolinades* est aussi savoureuse et plus directe, plus crue que celle des *Plouffe*, du *Survenant* ou de *Bonheur d'occasion*. Cette langue est un langage, une critique. Écrire « arioplanes » n'est qu'un caprice phonétique, mais rêver d'une réception au « Deluxe Grill » est tout un programme socio-économique. Avant l'École de Parti pris, Ferron et Victor-Lévy Beaulieu, Gélinas écrit Kébek, « flore chaud » et le très poétique « corne de stache ». Son chapelet de sacres se limite généralement à « toryeu » et « toryable », dans le meilleur des cas à « torrieu de maudit de citron noir de batèche de torvis ! » Il n'y a guère là, on le voit, de quoi engraisser le *Dictionnaire* (?) de Léandre Bergeron.

En fait, la guerre a marqué le début ici de l'invasion massive de la publicité. Du prosélytisme militaire et idéologique — « cette propagande légère, souple et bien française qui nous vient directement d'Ottawa en passant par Toronto » —, on est passé à la consommation dirigée : « Old Dutch », « pilules rouges »... pour les femmes pâles. Le « Saint Annonceur -de-savon » est un des « Saints du jour » en 1943.

L'amour lui-même est vu par l'adolescent Fridolin comme un cliché, un piège : « Ça m'a l'air d'une belle attrape, ça, l'amour ! » et « Il va faire un bon amoureux : il est pas sentimental », dit-il dans «La Belle au bois dormant », féerie romantique qui tourne à la comédie satirique.

---

3. Voir à ce sujet Richard Jones, « Les Canadiens français devant la Seconde Guerre mondiale », *ibid.*, p. 27-38.

Fridolin est *déniaisé*, désabusé, méfiant jusqu'au cynisme. Trop tôt marqué par la souffrance, le *manque*, il prend par rapport au monde (et à lui-même) une distance excessive, que masque son humour. Fridolin est un enfant trop rapidement vieilli, mélange explosif d'expérience précoce et de fraîcheur prolongée. Cet équilibre instable, dynamique, donne au personnage un rôle, un style. Le monologue de « La vitrine brisée » est particulièrement significatif à cet égard. Fridolin ne parle plus (devant le juge, la police, le public) en son nom seul, mais au nom de Tit-Coq, nommé pour la première fois, de Gugusse, de tous les *pea soups*.

André Laurendeau a bien vu comment depuis les monologues, sketches, revues et parodies jusqu'à *Tit-Coq*, le rôle de Fridolin s'est enrichi, même si le personnage a changé de nom et le spectacle de forme :

> « Fridolin est poète. Son mythe n'est point achevé (...) Fridolin trouve des types avec qui dialoguer, par là le lyrisme devient drame ; mais ces types, même colorés et vrais (et sur la scène admirablement bien joués) restent des comparses. Fridolin demeure le mythe, et il est poésie même quand Gélinas accumule les précisions réalistes : de ces poussières, Fridolin renaît toujours. [4] »

Tit-Coq n'a pas tué Fridolin, que *Bousille* rajeunira en le vieillissant, en attendant le *Galarneau* de Godbout et d'autres figures. Fridolin n'est pas King, mais il est roi.

Laurent Mailhot

---

4. ·André Laurendeau, « *Tit-Coq* devenu livre », *l'Action nationale*, vol. 36, no 1, septembre 1950, p. 79.

GRATIEN ... NAS PRÉSENTE

AVEC

GRATIEN GÉLINAS

FRED BARRY   AMANDA ALARIE
ANDRÉ COURCHESNE   JULIETTE BÉLIVEAU
CLÉMENT LATOUR   JULIETTE HUOT
JULIEN LIPPÉ   BERTHE DEMERS
HENRI POITRAS   FANNY TREMBLAY
J.-R. TREMBLAY

Mise en scène : GRATIEN GÉLINAS ET FRED BARRY
Danse : ELVIRA GOMEZ
Musique : MAURICE MEERTE
Décors : JACQUES PELLETIER
Costumes : MARIE-LAURE CABANA

FRIDOLINONS 43

Prologue

Le troisième front
du rire

Distribution

FRIDOLIN	Gratien Gélinas
LE MARÉCHAL DES FOLIES	Fred Barry
LE LIEUTENANT CARAMEL	J.-R. Tremblay
LE MAJOR TAMBOURIN	Henri Poitras
LE GÉNÉRAL TRIBOULET DE CANON	Fridolin
CAPTAIN JOKE	Julien Lippé
LE CIVIL	Clément Latour
LA RECRUE	André Courchesne
LES CWACS	Juliette Béliveau
	Amanda Alarie
	Fanny Tremblay
	Juliette Huot
LE CAPITAINE DE LA GARDE	Berthe Demers
LA GARDE	Les danseuses

Premier tableau — De la lessive jaillit la lumière

La cuisine, chez Fridolin. Au milieu de la pièce, une machine à laver d'un modèle ancien. Plafond strié de cordes à linge. Au lever du rideau, Fridolin, qui porte enroulé autour de sa taille un grand tablier à la place de sa culotte, brasse la machine à laver. Près de lui, un tas de linge et une boîte de savon granulé. Téléphone au mur.

FRIDOLIN
(Chante sur l'air de « En cueillant la noisette ».)
En faisant le lavage
À la plac' de ma mère
Qui d'puis trois mois travaille
Dans une usin' de guerre

(Sur un air de « Faust ».)
À moi le lavage
À moi l'eau d'javel
À moi le r'passage
À moi l'eau d'vaisselle...

(Il ouvre la machine, goûte à l'eau avec son doigt, ajoute du savon, referme et continue à brasser.)
Brassez, brassez, ma belle
Brassez, brassez, toujours...

(Le téléphone sonne : Fridolin répond.) Allô !... Oui, Gugusse, soi-même !... Non, pas de partie de hockey pour moi aujourd'hui !... Non : il faut que je reste à la maison... Parce que, deuxièmement, je lave le linge sale de la semaine, à la place de ma mère qui travaille dans les munitions et, premièrement, mes culottes sont dans le moulin... Oui, mon cher, je fais le blanchiment : j'emploie le savon le plus « cheap » sur le marché et mon linge est le plus blanc du monde la même chose ! Et les queues de chemises de mon mari font l'envie de toutes les femmes. Et cela sans dur frottage !... Oui, mais qu'est-ce que tu veux : je peux pas y aller... Tourne pas le fer dans la plaie ! Qui est-ce qui va « goaler » à ma place ?... Eh, souffrance ! Tit-Coq dans les « goals » pendant que moi je brasse le moulin. Eh souffrance de guerre, qu'elle manque donc de charme !... Non, je suis pas contre la guerre, même que probablement je suis pour ! D'ailleurs j'ai pas le choix. Seulement qu'elle est donc faite à l'envers !... Oui, à l'envers ! J'aurais mon plan pour une guerre, moi, et puis elle serait loin d'être triste comme celle-là... *(Sonnerie de réveille-matin.)* Écoute, mon tintomètre vient de sonner : il faut que je sorte ma brasse. Colle-toi l'oreille dans l'embouchure : j'vas te conter ça en travaillant.

(Il ouvre la machine et passe au « tordeur » son linge déjà étendu sur une corde, qu'il n'a plus qu'à accrocher à deux clous. À un moment il sortira une bottine de la machine.) Vois-tu, Gugusse, mon plan, il est basé sur un grand principe que tu peux pas en sortir : c'est pas en cassant la gueule à nos ennemis qu'on s'en fera des amis. Il me semble que tout l'argent qu'on dépense à acheter des bombes, des balles, des torpilles et tout le branle-bas de combat, on devrait le dépenser à acheter des cadeaux,

des bonbons, des bouteilles de scotch, des oranges, et caetera... Et puis on devrait les bombarder avec ça. Il me semble que ça coûterait pas plus cher et qu'un moment viendrait où l'ennemi serait assez attendri par toutes nos bontés qu'il dirait : « Non, franchement, arrêtons de nous battre contre eux autres : ils sont trop aimables, ce serait indélicat de leur casser la gueule ! » Et puis, ce qu'on veut, ils pourraient pas faire autrement que de nous le donner. Si tu comprends ce que je veux dire, ce serait une guerre à qui serait le plus fin l'un pour l'autre... Oui, je l'admets : c'est peut-être fou. Mais, quant à ça, c'est pas plus imbécile que de s'entre-tuer quand on n'a rien qu'une vie ! D'ailleurs, l'autre façon de faire la guerre, depuis le commencement du monde qu'on l'emploie puis ç'a jamais rien réglé : y aurait pas de risque à essayer autre chose. Ce serait une espèce de troisième front du rire. Aïe ! C'est ça l'idée : « Le troisième front du rire » ! (*Courant vers le téléphone.*) Aïe ! ôte-toi, Gugusse : il faut que j'appelle Mackenzie King tout de suite et que je lui propose ça !

(*Il raccroche puis redécroche et fait un numéro.*) Allô, mam'zelle : je veux parler à Mackenzie King, First Minister, à Ottawa... Justement, oui... Comment, je peux pas lui parler ?... Allô !... Écoutez, c'est très important, c'est pour la sécurité de l'État... (*Se rendant compte que la standardiste a raccroché.*) En souffrance, que c'est choquant !

Attendez donc un peu : j'ai une idée. (*Il actionne rapidement le crochet de l'appareil.*) Allô, operator ? Clear the line, I want speak to Mackenzie King : Army Headquarters ! (*Il déboule le tout avec une voix de sergent-major.*) Rush, rush !... Toronto !... Orangists !... War, war, war !... Scram, quick !... Toronto... Allô ? Ah, je l'ai !... Allô, Mackenzie ? C'est Fridolin qui parle... Ah !... you not speak French ?... O.K., me speak English, never mind I talk two tongues, me, I am instructed enough, me. Now, listen, Mac : the war, she is not going all right. I have better idea. My idea is to make an « Armée du rire »... Yes, Army of the laugh... Yes, and the troupe that will envahir the ennemy will be nice little soldats... Yes, with cute little guns... (*Le rideau s'est fermé lentement pendant les dernières paroles de Fridolin.*)

Deuxième tableau — Les grenadiers de la risette

Dès que le rideau est fermé, les danseuses, en grenadiers de fantaisie, entrent, venant de gauche et de droite, et commencent à danser, pendant qu'on descend derrière elles un panneau-réclame portant l'inscription suivante :

*Plus rien n'importe sauf
la victoire du Rire.
Ne jetez pas vos vieilles blagues ni vos mots d'esprit usagés.
Adressez-les au
Comité de récupération de la Gaieté
« Give us the gags and we will do the show ! »*

Une fois leur numéro terminé, les danseuses disparaissent vers la coulisse, comme le rideau s'ouvre derrière elles.

18

Troisième tableau — L'ouverture du troisième front

Un camp militaire dans une clairière. Tentes, canons, mitrailleuses et obusiers aux couleurs gaies.

Au lever du rideau, Tremblay, Poitras et Courchesne forment un trio au milieu de la scène. Poitras chante pendant que les deux autres accompagnent de la voix.

Je suis loin de toi, mignonne
Loin de toi, loin du foyer...

Sur une marche militaire à l'orchestre, les danseuses entrent, conduites par Berthe Demers, et se rangent sur une ligne.

BERTHE

Halte !... Garde à vous : voici le généralissime Triboulet de Canon !

Poitras et les autres viennent se placer au garde-à-vous devant la ligne. Coups de trompettes à l'orchestre. Entre de la coulisse un petit

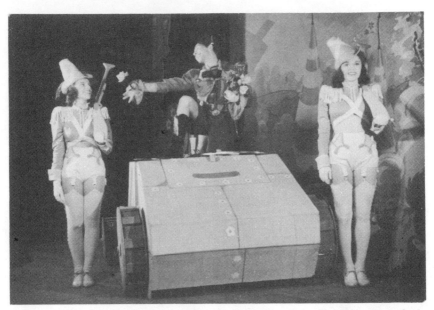

tank fantaisiste qui s'arrête au milieu de la scène. Fridolin sort de la tourelle comme d'une boîte à surprise, costumé à la Napoléon. Barry frappe dans ses mains et les officiers attaquent en choeur, dans le style « couventines », sur l'air de « Catholiques et Français toujours ».

LES OFFICIERS
Bienvenue, oh ! oui, bienvenue,
À notre dévoué, vénéré général.
Nos petits coeurs répètent : bienvenue, bienvenue,
Bienvenue, ô cher général !

FRIDOLIN
Merci, mes enfants : c'est pas forçant comme chanson, mais ça fait du bien au coeur ! (*Il est descendu et se prépare, la main dans le gilet, à inspecter ses troupes.*)

BARRY
Mon général, permettez-nous de nous présenter...

FRIDOLIN
À ce que je vois, vous êtes maréchal ?

BARRY
Maréchal des Folies Fred Barry. J'ai fait la guerre du théâtre et de la radio.

FRIDOLIN

Blessé ?

BARRY

Oui, mon général : quelques éclats de rire à la figure.

FRIDOLIN

Bravo, mon brave ! Vous êtes beau quand même.

TREMBLAY

(*Comme Fridolin passe devant lui.*) Lieutenant-caramel Jos Tremblay... C.K.A.C., C.B.F., SO4H2.

FRIDOLIN

Vous êtes déjà allé au feu, lieutenant ?

TREMBLAY

J'ai essuyé pendant 30 ans les feux de la rampe.

FRIDOLIN

Blessures ?

TREMBLAY

D'amour-propre, oui.

FRIDOLIN

Ça n'a jamais tué personne.

POITRAS

(*S'avançant.*) Je suis le major Tambourin, en personne...

FRIDOLIN

Major Tambourin ! C'est vous qu'on entend si peu souvent à la radio ?

POITRAS

Moi qui vous parle, si vous saviez mon héroïsme sur les plages lointaines ! Si vous m'aviez vu à la tête de mes gars, le sourire aux lèvres...

FRIDOLIN

Ça va faire, major : les autres aussi y étaient et ils font pas tant de chichi.

LIPPÉ

(*Se présentant.*) Captain Joke.

FRIDOLIN

Enchanté, captain. Vous venez sans doute participer à l'ouverture de notre Troisième Front ?

JOKE

C'est-à-dire que je viens au nom de votre belle mère patrie vous apporter...

FRIDOLIN

Nous apporter ?

JOKE

De bons conseils.

FRIDOLIN

Ah bon ! c'est tout ?

JOKE

Soyez assuré de tout notre appui moral.

FRIDOLIN

Vous nous regarderez faire de loin, toujours ?

JOKE

Oh ! yes : nous vous organiserons, nous vous dirigerons, car nous sommes la tête, vous êtes les bras.

FRIDOLIN

Nous sommes même les pieds. Ça, y a longtemps qu'on le sait. (*Désignant Courchesne.*) Et celui-là, qui est-ce ?

BARRY

C'est la Recrue, mon général.

FRIDOLIN

Ah, c'est elle, la Recrue !

BARRY

Oui, mon général : elle fait rien que pleurer.

FRIDOLIN

Qu'est-ce qu'il y a, mon brave ?

COURCHESNE

Je voudrais avoir ma décharge.

FRIDOLIN

Quel âge avez-vous ?

COURCHESNE

Vingt et un ans !

FRIDOLIN

Capitaine !

BERTHE

Oui, mon général ?

FRIDOLIN

Vous soumettrez la Recrue à l'enjôlement volontaire. ✔ Rompez, messieurs ! (*Les officiers se rangent vers les côtés. Puis, tout en passant en revue le régiment des danseuses.*) Beau petit peloton, capitaine. Belle troupe d'invasion ! Je sens qu'avec

23

un tel régiment « de litte », j'accomplirai de grandes choses...
(*Appelant.*) Capitaine !

DEMERS

Oui, mon général ?

FRIDOLIN

Vous tenez tellement bien vos hommes que vous méritez
une décoration : il faut qu'incontinent je vous accroche une
médaille ! (*Il prend une médaille dans sa poche et la lui épingle sur la
poitrine.*) Capitaine, félicitations ! (*Il lui donne l'accolade puis
hésite.*) Ah, vous êtes trop méritante : il faut que je vous
donne une autre médaille !

BARRY

Attention, mon général : ça va tourner mal, ces af-
faires-là !

FRIDOLIN

Excusez, maréchal. J'ai eu une faiblesse devant les mérites de ce vieux grognard.

*À l'orchestre, fade-in du refrain du « Choeur des servantes » des
Cloches de Corneville. Entrent mesdames Huot, Alarie et Tremblay,
sous la direction de Juliette Béliveau, toutes en costumes de cantinières.*

BÉLIVEAU

Attention ! Salut ! (*Toutes saluent, avançant d'un pas.*) Mon
général, nous sommes à vos ordres.

FRIDOLIN

À mes ordres ? Mais qui êtes-vous ?

LES CWACS

(*Montent la gamme à la manière du Jingle de « Jello » à la
radio.*) C... W... A... C... S... CWACS[1] !

FRIDOLIN

Ah ! Les Cwacs ? Alors « quoi que » vous savez faire ?

BÉLIVEAU

Quoi qu'on sait faire ? Vous allez le savoir, ça sera pas
une traînerie !

L'orchestre attaque le couplet du « Choeur des servantes ».

---

1. Les CWACS — Canadian Women Army Corps — étaient les militaires de sexe
féminin.

BÉLIVEAU

(*Chante.*) Le mieux que nous puissions faire

TREMBLAY

Pour vous aider dans la guerre

BÉLIVEAU

C'est de nous mettre

LE CHOEUR

C'est de nous mettre

ALARIE

C'est de nous mettr' à vot' service

TREMBLAY

Et jusqu'au jour de l'armistice

HUOT

Nous serons tout's ravies

BÉLIVEAU

De manier le fusil

LE CHOEUR

Nous sommes les Cwacs, Cwacs, Cwacs, Cwacs, Cwacs
Et quoi qu'on dise et quoi qu'on fasse
Et quoi qu'on jase et quoi qu'on crie
On travaille pour la patrie !

FRIDOLIN

Bravo, mesdames ! Vous arrivez juste à temps pour ma grande offensive d'hiver. Mais rappelez-vous bien que, dans cette guerre, il s'agit non pas de massacrer l'ennemi, mais de l'avoir par la grâce et la gentillesse. Votre devoir à vous, mesdames, est d'enjôler l'ennemi et de le réduire à l'impuissance par la force irrésistible de vos charmes.

ALARIE

Comptez sur nous autres.

BÉLIVEAU

En tout cas, moi, je suis bonne pour un régiment à moi toute seule !

FRIDOLIN

Rompez ! (*Les femmes se dispersent.*) Et maintenant, passons à l'inspection des armements. Mes instructions ont-elles été observées ?

TREMBLAY

Oui, mon général, tout notre matériel a été modernisé.

BARRY

Il ne reste plus rien des armes du type 1942.

FRIDOLIN

Rien qui tue ?

BARRY

Rien ! Toutes nos armes sont faites pour plaire à l'ennemi et l'avoir par les sentiments.

FRIDOLIN

Bravo !

BÉLIVEAU

Voici un canon lance-chocolat : vingt-cinq palettes à la seconde.

FRIDOLIN

Pas les nouvelles palettes de chocolat pas de chocolat après ?

BÉLIVEAU

Ne craignez rien, mon général.

FRIDOLIN

Et ça ?

TREMBLAY

C'est un tire-bananes, mon général.

FRIDOLIN

Quelle grosseur ?

BÉLIVEAU

Juste la bonne, mon général.

BARRY

Enfin ici un gicleur à whisky...

FRIDOLIN

« Trois Étoiles » ?

BARRY

« Trois Étoiles ». Craignez rien : on fera pas boire de cochonneries à l'ennemi.

FRIDOLIN

Il est plus chanceux que nous autres !

BARRY

Mais, savez-vous, mon général, que vous avez un vrai beau char !

FRIDOLIN

Oui, hein ?

BARRY

C'est un modèle anglais ?

FRIDOLIN

Oui : il est fameux pour la marche arrière !

BARRY

Et il est bien armé ?

FRIDOLIN

Bien armé ? Regardez-moi ça. (*Fridolin soulève le capot du tank et découvre le panneau d'une fontaine de restaurant.*) Ice cream ! Lemonade ! Sundaes ! Malted milks ! Hot-dogs ! French-fried...

BARRY

Un hot-dog toasté, avec du relish s'il vous plaît.

FRIDOLIN

Je regrette, maréchal, mais il faut garder nos munitions pour l'ennemi.

Bruits d'avions qui approchent.

FRIDOLIN

Attention, attention : un bombardement !

Tous se préparent à mettre les armes en action.

BARRY

Chargez les canons !

FRIDOLIN

Non, non, tirez pas, personne : vous savez bien qu'il faut une permission d'Ottawa pour ça !

BARRY

On est bien arrangés !

TAMBOURIN

(*S'avançant.*) Ça y est, les gars. En avant ! Je dirai à vos parents que je vous ai vus tomber le sourire aux lèvres.

FRIDOLIN

(*Le repoussant.*) Major, laissez faire : on a assez de l'ennemi sur les bras. (*Aux autres.*) En tout cas, résistez, mais touchez à rien de ce que l'ennemi va vous donner. (*Il pleut sur la scène des fruits, des fleurs et des petits paquets enrubannés. Alarie va pour prendre quelque chose.*) J'ai dit : pas toucher. (*Il lui donne une tape sur la main.*) Caca, ça ! (*Avisant Barry qui a saisi un flacon.*) Maréchal Barry, attention à vous !

BARRY

Rien qu'un p'tit coup !

FRIDOLIN

Non, non : faut pas se laisser enjôler par l'ennemi !

BARRY

Écoutez, mon général, par le temps qui court, un quarante-onces qui vous tombe du ciel, on crache pas dedans.

FRIDOLIN

Maréchal, faites donc une bonne action et allez le porter à la Commission des liqueurs [2] : ils vont faire cinquante bouteilles avec ça !

BARRY

(*Va s'appuyer sur le tank.*) Moi, j'joue plus, d'abord.

BÉLIVEAU

(*S'approchant.*) Mon général, il faudrait faire quelque chose pour relever le moral de la troupe.

FRIDOLIN

Avez-vous une suggestion, vous, chefesse ?

---

2. Équivalent de l'actuelle Société des alcools.

BÉLIVEAU

Un peu de propagande, ça ferait pas de tort.

TAMBOURIN

(*Accourant.*) De la propagande ? Comptez sur moi, mon général... « Les gars, lors de ma dernière tournée triomphale aux États-Unis... »

FRIDOLIN

Écoutez, major, gardez donc ça pour la radio ! Capitaine, faites entrer le Civil.

BARRY

Le Civil ?

FRIDOLIN

Oui, messieurs, le Civil ! Ça fait assez longtemps qu'il dit rien, celui-là, c'est bien à son tour de placer un mot !

BÉLIVEAU

Qu'il entre au plus tôt, mon général, nous sommes dans l'attente.

FRIDOLIN

Ça tombe bien, lui aussi, il est dans la tente. (*Toute la troupe vient se placer devant la tente : le Civil en sort sur une marche triomphale.*) Soldats, je vous présente le grand héros méconnu, bafoué, humilié de cette guerre, le Civil ! Le Civil qui, depuis plus de trois ans, combat sans répit à l'arrière-front ! (*Il sort du tank une pancarte qui porte l'inscription « Acclamations » et la fait voir.*)

TOUS

Hourra !

FRIDOLIN

Le Civil ! Celui qui donne les trois quarts de son revenu au Gouvernement pour nous faire vivre. Celui qui se prive de tout pour que, nous autres, on manque de rien ! (*Il lève de nouveau la pancarte.*)

TOUS

Hourra ! (*Pendant que le Civil monte sur le tank à l'invitation de Fridolin, ils chantent.*) « Il a gagné ses épaulettes, maluron, maluré. »

FRIDOLIN

Cher Civil, racontez-nous vos épreuves !

Musique émouvante en sourdine.

LE CIVIL

C'était le soir de Noël : il faisait froid. À la maison, les enfants criaient : « Papa, j'ai faim ! » Je regarde dans le frigidaire : pas le moindre petit morceau de viande ou de vermiceau. N'écoutant que mon courage, je mets mon capot et je sors dans la nuit noire. Je vais pour partir mon auto : plus de gaz ! J'appelle un taxi : ça répond pas ! J'vas pour prendre les p'tits chars : ils me passent tous au nez, paquetés jusqu'au trolley [3] ! Je marche, marche, marche... Je veux m'acheter un petit treize-onces pour me réchauffer : il y a une queue d'un mille à la porte de la Commission des liqueurs...

BARRY

(*Fondant en larmes.*) Arrêtez ! Moi je peux pas entendre ça sans brailler.

---

3. Perche fixée au tramway et servant à transmettre le courant électrique.

LIPPÉ

Franchement, on se rendait pàs compte !

BÉLIVEAU

Écoutez, c'est bien beau tout ça : seulement nous, qui combattons, nous sommes fatigués !

LE CIVIL

(*Parodiant la tirade de Flambeau dans « L'Aiglon ».*)
Fatigués ?
Et nous les civils, les obscurs, les sans scotch
Nous qui toffons la run, rationnés au coton
Sans beurre et sans bacon, avec dans notre poche
Des timbr's d'épargn' de guerre, mais pas une cenne, tornon
Voyageant sans taxis, marchant sans caoutchoucs
Nous gelant su' l' coin d' la rue
Sans chanc' de prendre un coup
Nous qui payons toujours et jamais ne kickons
Nous qui n'avons mêm' pas d'turn-ups aux pantalons
Qui à forc' de payer l'impôt sur le r'venu
En s'rons bientôt réduits à nous prom'ner tout nus.
Récupérant les os, sans jamais manger d' viande.
Ne nous soutenant plus qu'à forc' de propagande
Payant sans chicaner, chicanant sans payer,
Nous, nous ne le somm's pas peut-être fatigués,
Torrieu de maudit de citron noir de batêche de torvisse !

FRIDOLIN

(*Au Civil, après un applaudissement général.*) Passez à la caisse, vous aurez vos cinq piastres ! (*Aux autres.*) Chers soldats, j'ai le plaisir de vous annoncer que le discours que vous venez d'entendre a été enregistré sur disque et qu'il passera à toutes les cinq minutes à Radio-Canada.

BARRY

Mon général, je pense qu'on est aussi bien de profiter du moment où nos hommes sont sous l'effet de la propagande pour commencer la bataille.

FRIDOLIN

Vous avez raison ! Chère grande armée de la Gaieté, l'heure est venue d'ouvrir le Troisième Front du Rire !

D'après les rapports de nos avant-postes, nous avons déjà fait ce soir 1400 prisonniers... (*Il désigne la salle.*) ... sans compter la loge de la Saint-Jean-Baptiste. Nous avons des munitions pour deux heures et demie : allons-y gaiement. Et en avant pour notre chanson de cape et d'épée !

L'orchestre attaque le couplet de la chanson thème de la revue.

FRIDOLIN

(*Chante.*)
Avant de partir en guerre
Pour réjouir l'ennemi
Oublions nos p'tit's misères
Et soyons gais nous aussi
Au lieu d'nous croir' des martyrs
Parc' que nous somm's rationnés
Sachons garder le sourire
Et ne cessons de chanter.

TOUS

(*Attaquent le refrain.*)
Il vaut mieux fridoliner, c'est plus habile
Il vaut mieux afin d'garder ses illusions
Il vaut mieux chanter en choeur sans s'faire de bile
Frido-do, fridoli-li, fridolinons.

Quatrième tableau — Le beau petit corps d'armée

Pendant que le rideau se ferme sur le décor et le reste de la distribution, les danseuses descendent à l'avant-scène. Elles y exécuteront une brève routine de danse, à la fin de laquelle elles disparaîtront dans la coulisse de droite, pendant que Fridolin entrera par la coulisse de gauche.

Cinquième tableau — Entre vous et moi *

FRIDOLIN

(*Fridolin vient s'asseoir sur la boîte du souffleur.*) Allô !...
comment ça va, chers vous autres, pour la sixième année
consécutive ? Ça me fait plaisir de vous revoir. Sans blague :
quand on a été créé et mis au monde pour faire des séances et
qu'on en fait rien qu'une par année, on trouve que le rideau
reste baissé longtemps entre les fois !

Alors je suis venu en avant vous dire que, ma bande et
moi, on est tous là au grand complet, qu'on est bien
heureux... et qu'on n'aurait pas d'objections à ce que vous le

* À ce texte, essentiellement fait pour les représentations à Montréal,
s'ajoutent certaines allusions à l'actualité de la ville de Québec, où la revue était
jouée chaque année en fin de saison.

soyez, vous autres aussi, heureux... Et que ça commence tout de suite et que ça dure jusqu'à onze heures et demie !

En tout cas, on va faire de notre mieux pour ajouter à votre bonheur de vivre. Seulement vous allez nous aider un petit peu de votre bord : vous allez relaxer. Vous passerez pas votre temps à vous demander si la prochaine crotte, ça va être pour les bleus ou bien pour les rouges et si tout ce qu'on va dire est bien vrai... et si on a bien le droit d'en rire. Non, voyez-vous, mon principe c'est qu'en temps de guerre, il faut rire, ou bien crever. Et si on crève, ce sera bien dommage... parce qu'on pourra pas acheter de bons de la Victoire !

En attendant, parlez-moi donc de vous autres, un petit peu. Les érables ont-ils coulé, de votre côté ? Du nôtre, ça a été pas trop pire : il y a des érables qui ont donné jusqu'à cinq gouttes ! La difficulté, cette année, c'est que, à cause de la neige, il fallait les entailler dans le faîte !

Parlons donc un peu de Duplessis : qu'est-ce qu'il a, donc ? À part de parler de la question du Labrador, il a pas l'air à avoir grand-chose à dire. Est-ce qu'il se serait fait décrocher le grelot, par hasard ? C'est de valeur, parce que c'était donc un bon acteur, lui, pas vrai ?

Pour nous autres, à Montréal, on a eu notre petite grève des tramways et des autobus. Ça a mis un peu d'animation dans notre coquette petite ville, d'ordinaire si paisible. Ça a manqué mal tourner, la grève. Mais ils nous ont envoyé un nommé Goldenberg [4] — un bon Canadien français d'Ottawa — et l'affaire s'est arrangée !

Ah ! oui : vous avez sûrement entendu parler de ce fait troublant : madame Yvette Gouin a fait un autre péché [5] ! Je pense même qu'elle est venue s'en confesser par ici. Ça doit lui en faire une bonne demi-douzaine, là.

Avec tout ça, nous v'là au mois de mai. Il paraît que c'est « le mois le plus beau ». Déménagez-vous, cette année, vous autres ? En tout cas, partez pas sans savoir où vous

---

4. Me Carl A. Goldenberg, avocat montréalais, actuellement sénateur, était durant la guerre conseiller en matière de travail au ministère des Munitions et approvisionnements à Ottawa. Nommé commissaire spécial par le ministère du Travail, il régla rapidement le conflit du Tramway en mars 1943.

5. Yvette Mercier-Gouin, femme du monde, auteur d'une pièce créée à l'Arcade en 1943 : *Péché de femme.*

allez, parce que vous risquez de vous asseoir entre deux chaises...

À propos, il paraît que le maire Borne [6] a l'intention de construire un bloc de 8904 logements, sans compter les garde-robes et les armoires à balais ! Mais il a l'air d'avoir de la misère à faire passer ça, hein ? Autrement dit, si je comprends bien, ce bloc-là, c'est pas le Bloc populaire !

Avant d'oublier : si quelqu'un entend parler d'un logement à louer, ma tante s'en cherche un : chauffé, sept grandes pièces, garage, salle de bains en tuile, frigidaire compris, grande cour, poignées de portes à toutes les portes... Elle mettrait jusqu'à 14 piastres par mois à condition, bien entendu, que le propriétaire fasse un grand ménage d'un bout à l'autre de la maison.

En tout cas, ça me fait plaisir de voir que vous avez pas l'air trop massacrés par le rationnement. Ça, c'est pas une affaire drôle, hein ? Je voudrais pas vous décourager, mais ça s'en vient encore plus pire. Parce que, confidentiellement, j'ai des tuyaux là-dessus. Pas parce que je suis bien avec le Gouvernement... Au contraire : tout le monde sait que, question de principes, les grosses légumes, je cultive pas ça dans mon jardin. Seulement, je peux vous recommander ceci, en toute certitude : si vous trouvez sur le marché du clou de girofle, achetez-en ! Parce que ça va être rationné, ce sera pas long. La sciure de bois aussi : 25 livres par personne, 15 livres pour les enfants et pour les personnes de plus de 65 ans. C'est comme pour les allumettes : va falloir apporter les anciennes pour en avoir des nouvelles... C'est pas plus fou que le reste !

À part ça, vous savez la nouvelle loi du Service sélectif ? Pas droit de changer de blonde pour la duration. Et pour la gazoline, surveillez-vous : ils vont arriver avec une nouvelle catégorie... la classe « Ah ! Ah ! Ah ! Ah ! Ah ! » Ça donne le droit aux automobilistes de sentir le précieux liquide en passant devant les garages.

Dites donc, parlant de gazoline, il paraît que le docteur Hamel [7] a mis des annonces disant qu'il pourra plus se rendre en auto à son bureau le matin... Il dit que lui et les autres

---

6. Lucien Borne, maire de Québec durant de longues années.
7. Philippe Hamel, dentiste de Québec, un des principaux leaders de l'Action libérale nationale (qui sera écarté du pouvoir par Duplessis).

dentistes ont pas de gazoline et que les vétérinaires devraient pas en avoir davantage. C'est plein de bon sens : il n'y a pas de raison pour que les vaches se rendent pas se faire soigner en ville, comme tout le monde.

Une autre nouvelle inquiétante : il paraît qu'ils vont rationner le foin, aussi : pour les couples sans enfant, rien qu'une botte par semaine. C'est comme pour les « sauvages » : seulement une livraison par mois ! Avec tous ces règlements-là, y a ben des commerces qu'ils vont être obligés de fermer. Heureusement qu'il y a des rationnements qui nous laissent froids, comme par exemple celui de la laine ; depuis le temps qu'on se la fait manger sur le dos ! Ce qui est consolant dans tout ça, c'est qu'on se bat pour une grande et noble cause. Laquelle au juste, c'est pas encore tout à fait décidé, mais ça va l'être, ce sera pas long.

Pour la guerre, ça va bien, là, surtout depuis la grande réunion si bien réussie de Casablanca [8]. Ce qui m'a le plus remonté le moral, à moi, c'est quand Roosevelt a dit : « La guerre, c'est décidé, ce serait une bonne chose qu'on la gagne ! » Il a dit qu'en s'y mettant tout de suite le même soir, on en avait juste pour neuf mois. Espérons que tout se passera bien et que l'enfant s'appelera « Victoire ».

Mais, si vous voulez avoir mon avis sincère là-dessus, c'est pas nécessaire de se faire casser la fiole pour les avoir, les Allemands. Laissons-les donc gagner la guerre : on les aura ben aux prochaines élections ! Avec les machines à voter qu'on a par ici, on te balayerait tout ça en criant « Whisky ! »

Oui, mais, avec tout ça, le temps passe, puis j'suis pas tout seul au programme. Juste une couple de petites observations encore. D'abord je vous avertis qu'à la fin de la soirée, nous jouerons le « Ô Canada ». C'est un vrai risque à prendre par le temps qui court, mais je le prends quand même !

Maintenant, je vous remercie d'être venus voir la revue, même si ça vous fait un petit peu moins d'argent à prêter au Gouvernement. À ce propos, je dois vous dire que toute la recette de ce soir, ainsi que celles de toutes les représentations

---

8. Conférence au sommet entre Churchill et Roosevelt à Casablanca au Maroc en janvier 1943. Ils cherchent à rapprocher les généraux de Gaulle et Giraud.

à venir, seront versées en entier... à la banque. À la fin des fins, le compte sera transporté directement à l'Impôt sur le revenu !

Maintenant, la première chose à vous faire endurer, ça va être du cinéma. Oui, j'ai fait un petit film et je m'en vais vous le montrer, comme un écolier qui vient montrer ses devoirs à ses parents. J'ai pas besoin de vous le dire, vous êtes assez intelligents pour le comprendre : ce qu'on va vous faire voir, c'est loin d'être « Gone With the Wind ». Ç'a pas été réalisé à Hollywood avec des machineries à tout casser, puis des tas de cent mille piastres ! Non : ç'a été fait ici, avec des cennes canadiennes-françaises, Dieu merci ! Ç'a été fait par un p'tit gars pour qui vous avez toujours été ben aimables et qui voulait faire quelque chose de difficile, de bien difficile pour vous faire plaisir.

C'est loin d'être parfait : je le sais mieux que n'importe qui. Mais, voyez-vous, c'était mon premier enfant puis je savais pas trop comment m'y prendre. Le petit a peut-être pas l'air bien intelligent, mais comme me disait mon père : « T'es pas bien beau, mais au moins t'es à nous autres ! » Ce que j'aurais aimé, ç'aurait été de vous distribuer des morceaux de vaisselle avec : ç'a réussi à faire avaler bien des films, dans le passé. Mais, de ce temps-ci, il y a seulement la vaisselle anglaise sur le marché... et elle est chère sans bon sens !

Alors, on va vous le montrer : s'il vous plaît pas, il y aura bien de la ferraille pour la récupération la semaine prochaine. Mais s'il vous déplaît pas trop, disons qu'après bien d'autres efforts, il y aura une petite industrie de plus dans la Province, avec le sirop d'érable, la catalogne, puis les familles nombreuses !

Il disparaît dans la coulisse.

La dame aux camélias, la vraie

(film)

À l'automne de 1942, au plus fort de la Guerre, en dépit du fait que la pellicule était rationnée et l'équipement cinématographique réquisitionné pour des fins militaires, je décidais, avec une équipe de jeunes techniciens amateurs aussi téméraires que moi, de faire « La Dame aux Camélias ». Ce film, qui est sans doute le premier moyen métrage de fiction réalisé en couleurs au Canada, a été l'un des éléments de la revue *Fridolinons 43.*

Notre ignorance de la fabrication d'un film était aussi émouvante qu'exemplaire: au montage, par exemple, nous avons pendant deux semaines marqué nos images d'une touche de peinture à l'eau avant d'apprendre avec émerveillement qu'un crayon gras ferait bien mieux l'affaire.

Pour l'impression des copies, qui devait forcément se faire à New York, j'ai dû passer le film en contrebande à la douane américaine et faire de même au retour à la douane canadienne. Après la deuxième copie, j'ai décidé, pour simplifier le procédé, de laisser le négatif à New York, avec le résultat que je l'ai perdu.

En 1970, j'ai pu, heureusement, faire tirer un contretype de la seule copie, sèche et en piteux état, que j'ai retrouvée au fond d'un placard et qui avait perdu, au cours de sa carrière, quelques images de son métrage original.

Le scénario raconte la touchante histoire de la Dame aux Camélias, vue à travers le romantisme naïf d'un Fridolin s'imaginant très bien sous les traits d'Armand Duval.

SCÉNARIO, MISE EN SCÈNE ET MONTAGE	Gratien Gélinas assisté de Louis Pelland
PHOTOGRAPHIE	Marc Audet et Henri Paul
SON	Marc Audet
DÉCORS	Jacques Pelletier
COSTUMES ET MAQUILLAGES	Marie-Laure Cabana
DIRECTION MUSICALE	Maurice Meerte
COLLABORATION TECHNIQUE	Henri-Paul Garceau, Richard Racicot, Gaston Pépin, Yvonne Roy, Roger Janelle

Distribution

LE NARRATEUR	Fridolin
LA CAMÉLIA	Juliette Béliveau
ARMAND DUVAL	Gratien Gélinas
LE PÈRE DUVAL	Fred Barry
LA BONNICHE	Juliette Huot
L'ARCHIDUC RODOLPHE	Julien Lippé
LE MÉDECIN	Henri Poitras

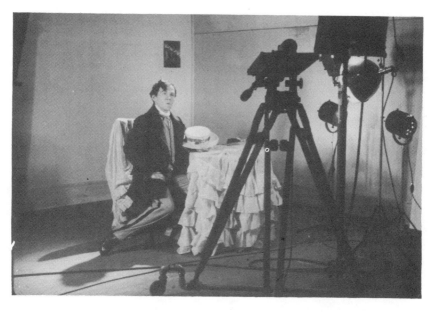

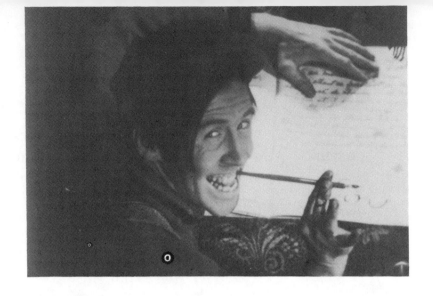

Le générique

Générique : une tête de mouton apparaît sur l'écran, au-dessus de l'inscription :

Musique : Fade-in, avant l'apparition du générique, de l'air « En passant par la p'tite côte, j'ai rencontré mon p'tit cavalier... » joué gauchement, mais avec beaucoup de bonne volonté, sur un piano pas trop juste.

LA FRIDOLIN FILM & CIE,
ENRG., LTÉE
(WE SPIKE ENGLISH TOU)

Bêlement du mouton.

PRÉSENTE

Musique : accord « écrasé » au piano.

Gros plan de la couverture d'un cahier d'école sur lequel on voit un dessin enfantin représentant deux coeurs enfilés dans une même broche que tourne Cupidon. Un bouquet de camélias fane lentement dans un pot à lait. Sous le dessin on lit :

    La Dame aux Camélias
    (La vraie !)

LA VOIX DE FRIDOLIN
(Chantonne l'air que joue le piano.)

*La main d'un Fridolin en chan-
dail tourne la page. On lit sur la
deuxième :*

Avec...
VÉRA BÉLIVEAU
            Marguerite Gautier
FRIDOLIN (Pas de l'Odéon)
            Armand Duval
FRED BARRY
            Le père Duval
JULIEN LIPPÉ
            Le Rival

*La main de Fridolin tourne la
page. On lit sur la troisième :*
                Réalisé
        (autant que possible)
                par
        Sam Fridolinovitch

*La main de Fridolin tourne la
page et écrit sur la quatrième :*
        Chapitre premier.

LA VOIX
Chapitre premier !

*La caméra fait marche arrière et
découvre Fridolin qui, assis à sa
table de travail, écrit dans le
cahier :*
        Paris, mil huit cent...

LA VOIX
Paris, mil huit cent quelque
chose...

Premier épisode

*Plan moyen d'un escalier tournant,
puis panoramique de la caméra
prenant en enfilade une série d'es-
caliers.*

Musique: gaie et valsante.
LA VOIX
Paris, ville de grâce, de
beauté et d'harmonie !

*Gros plan : platée de « fèves au
lard » qu'un couteau couvre d'une
moutarde généreuse.*

LA VOIX
Paradis de la haute cuisine...

43

Gros plan : main débouchant une bouteille de Jumbo...	LA VOIX
	Maison mère des fines liqueurs...
	Bruit d'un bouchon qui saute.
...et la versant dans une coupe à dessert.	
Gros plan des cuisses de quatre danseuses de cancan qui lèvent la patte.	LA VOIX
	Paris, centre des jouissances intellectuelles...
Plan général : toits et cheminées qui fument.	LA VOIX
	Et, régnant comme une reine sur ce véritable nombril du monde...
Gros plan moyen : petit camelot sur un trottoir, agitant un journal. Il crie dans la caméra.	LE CAMELOT
	La Dame aux Camélias [1] ! La Dame aux Camélias triomphe encore ! Read all about it !...
Très gros plan de manchettes de journaux français, juifs, anglais, chinois, etc., se succédant très rapidement. On lit sur le dernier :	*La musique continue toujours.*
Hourra pour la Camélia !	
Elle a acté hier saprement bien.	
Grosse audience satisfaite.	
Lorsqu'à la fin du troisième acte, la Camélia fit son entrée et lança sa fameuse réplique « Madame est servie », la salle délira.	LA VOIX
	Marguerite Gautier, alias la Dame aux Camélias, la gloire théâtrale de son temps, actrice divine doublée d'une chanteuse étourdissante et entredoublée d'une danseuse succulente...
Plan moyen : hommes à la course dans la rue.	... qui faisait courir tout Paris par la grâce de ses appâts.

---

1. *La Dame aux camélias*, drame romantique, est la pièce la plus connue d'Alexandre Dumas fils (1824-1895). Signalons qu'un critique, Bernard Julien, a de son côté comparé *Tit-Coq* et *Antony*, pièce d'Alexandre Dumas père.

Plan moyen : hommes faisant la queue à la porte d'un théâtre

LA VOIX

De longues queues se pressaient à la porte du théâtre, où...

Gros plan d'une affiche de théâtre :
Monument National Follies
Starring
La Dame Aux Camélias
In Person
10¢ taxes ci-incluses

... depuis 40 ans, brillait l'étoile de la Dame aux Camélias.

Fondu enchaîné de l'image et de la musique.

Deuxième épisode

Plan général : proscenium de théâtre vu du fond de la salle et où chante la Camélia dans le rayon d'un projecteur. Rideau peint défraîchi derrière elle.
Marche avant jusqu'au plan moyen.

LA CAMÉLIA

(*Chante.*) « J'peux pas t'donner autr' chos' que d'l'amour, Baby... »

Gros plan de la Camélia qui chante.
Plan moyen de la salle : petits vieux chauves et sourds.
Plan moyen de la Camélia détachant sa jupe pour un strip-tease.

LA CAMÉLIA

(*Continue sa chanson.*) « Y a pas autre chos' que moi j'suis fait' pour, Baby... », etc.

Plan général de la loge qu'occupe Armand Duval à l'avant-scène.
Marche avant jusqu'au gros plan d'Armand, pris dans l'axe de la scène.

Plan moyen de la Camélia. Elle a enlevé sa jupe et apparaît en caleçons longs et corsage. Le rideau se ferme sur elle.

La Camélia termine sa chanson. Applaudissements et sifflements venant de la salle.

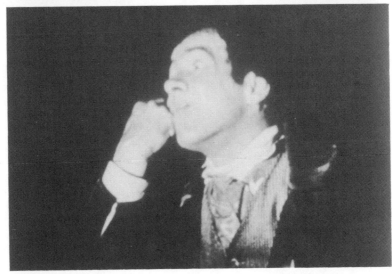

Gros plan moyen d'Armand applaudissant à s'en casser les poignets.

Musique : reprise du refrain par l'orchestre.

Plan moyen de la Camélia qui revient saluer en baissant une bretelle de son corsage. Avant de disparaître, elle lance à Armand un bouquet de camélias.

Sifflements de joie dans la salle.

Gros plan d'Armand recevant le bouquet en pleine figure.
Marche arrière, jusqu'au plan moyen. Armand se lève et sort en vitesse de la loge.

Fondu enchaîné de la musique et de l'image.

Troisième épisode

Plan général : coulisses du théâtre. Armand court vers la loge de la Camélia, une couronne mortuaire à la main. Marche avant à sa suite. Mécaniciens, danseuses et « comiques » se mêlent au tableau.
Gros plan moyen d'Armand devant la porte de la loge, sur laquelle on lit :

Musique : en fade-in : « La fleur que tu m'avais jetée », de Carmen, allegretto.

La Dame aux Camélias
Autographes 15¢, 2 pour 25¢
Walk in.

Armand frappe à la porte.
Plan général de la loge. Réflexion de la porte dans un miroir. La Camélia, assise au premier plan, se découvre une épaule.

La musique cesse. Coups à la porte.

LA CAMÉLIA

Entrez !

La porte s'ouvre, Armand paraît : on le voit à travers le miroir.

Gros plan d'Armand dans la porte, pâmé.

Gros plan moyen de la Camélia.

Marche arrière de la caméra comme la Camélia, l'oeil plein de désir, s'avance vers Armand.

Plan général de la loge. Armand recule devant la Camélia qui le poursuit autour de la table et l'accule dans un coin.

Gros plan d'Armand et de la Camélia, nez à nez. La Camélia l'attire sur son sein.

Gros plan moyen d'Armand l'enlaçant.

Il tourne le dos à la caméra pour l'embrasser.

La caméra plonge jusqu'au gros plan de la main de la Camélia qui prend le portefeuille d'Armand dans la poche arrière de son pan-

La Camélia pousse un petit cri de surprise effarouchée et se couvre pudiquement l'épaule. Musique romanesque.

LA VOIX
Il entra...

LA VOIX
...elle le vit... Et ce fut, pour la femme adulée, le coup de foudre à 100%.

La musique devient passionnée.

La musique s'efface.

LA CAMÉLIA
Ton nom, beau blond ?
ARMAND
Duval, Joseph Armand.
LA CAMÉLIA
Armand !
ARMAND
Marguerite !

ARMAND
À moi, toute !

LA CAMÉLIA
(*Dont la tête apparaît au-dessus de l'épaule d'Armand.*) À moi, toute !

49

talon. Elle le vide et le replace dis-
crètement.

Reprise triomphale de la musique
romanesque.

Marche arrière jusqu'au plan
moyen.

LA VOIX
Et ce fut le commencement
d'un grand amour !

Quatrième épisode

Fade-in : gros plan de Fridolin
écrivant dans son cahier.

LA VOIX
Et Armand délaissa ses étu-
des et se laissa voluptueu-
sement rôtir à la flamme
dévorante de l'amour...

Plan moyen de l'entrée des artistes.
Armand, adossé à la porte, som-
nole.

...Tous les jours il allait chercher Marguerite au théâtre.
Et ce fut la grande vie, insou-
ciante et luxueuse...

Marche avant jusqu'au gros plan
moyen. Soudain la porte s'ouvre et
Armand tombe hors du champ. La
Camélia paraît dans la porte et
sort, indifférente.

Musique gaie et « parisienne », en
fade-in.

Gros plan d'un hamburger, qu'une
main arrose de catsup.

LA VOIX
... Les soupers fins.

Gros plan : deux mains jouent à
pile ou face.

LA VOIX
La frénésie du jeu.

Gros plan moyen d'un conducteur
de tramway.

LA VOIX
Les grands voyages !

La musique s'arrête.

Montréal-Est !...   changez pour le Bout de l'Île !

Musique: En fade-in, assez bas, l'introduction de « Sur mon chemin... »

Plan moyen d'Armand qui chante en s'accompagnant au piano.

LA VOIX
Mais rien de tout cela ne valait les longues soirées d'intimité.

Gros plan d'Armand au piano.

ARMAND
(*Chantant.*)   « Sur mon chemin j'ai rencontré celle que j'aime. Celle que j'aime comme un fou, eh bien, c'est vous... (*Il continue, bouche fermée.*)

Panoramique de la caméra jusqu'au gros plan moyen de la Camélia, qui mâche de la gomme. Armand vient se pencher au-dessus d'elle. Elle continue de mâcher avec la plus complète indifférence.

Gros plan d'Armand.

ARMAND
Ah, Marguerite ! je t'aime, je t'adore, je t'idolâtre... Laisse-moi te câliner...

... Ma Colombe, mon pigeon, ma poulette, mon oie, ma dinde !

Panoramique vers la Camélia qui mâche toujours sa gomme.

LA VOIX D'ARMAND
Ah que c'est bon de te sentir vibrer si près de moi !

Armand entrant dans le champ et se penchant au-dessus d'elle.

ARMAND
Marguerite, je ne crains pas de te le dire : tu m'as !... Séductrice, troublante, sirène !...

51

Plan rapproché des deux têtes.

ARMAND
(*Avec passion.*) Ah toi !

LA CAMÉLIA
(*Indifférente.*) Toi aussi...

ARMAND
Tes yeux !

LA CAMÉLIA
Les tiens...

ARMAND
Tes cheveux !

LA CAMÉLIA
Les tiens...

ARMAND
Ta bouche !

LA CAMÉLIA
Ta gueule !

L'image s'efface.
Plan moyen de Fridolin écrivant
dans son cahier.

LA VOIX
Et nos tourtereaux s'aimaient d'un amour de plus en plus tendre...

Musique en fade-in, dramatique.

Fondu enchaîné de l'image.

Plan général : ciel nuageux.

LA VOIX
... sans se douter que sur leurs têtes, de sombres nuages

s'amoncelaient... (*La musique monte vers un sommet.*) ... précurseurs de cet orage qui déracine le chêne, fait plier le roseau et n'épargne point le camélia.

Fade-out de l'image.

Cinquième épisode

Gros plan du père Duval, en robe de nuit, assis dans son lit et lisant Radiomonde. Il rejette le journal.

Bruit : le tic-tac d'un réveille-matin.

LE PÈRE
Le p'tit maudit !

Marche arrière jusqu'au plan moyen du lit. Il se lève en rejetant les couvertures. Il commence à se promener de long en large.
Gros plan des pieds nus du père qui se promène.

Musique dramatique.

Gros plan des pieds d'Armand montant l'escalier en chaussettes. Plan général d'un escalier intérieur, vu d'en haut. Armand monte, ses chaussures à la main, avec des précautions infinies pour ne pas faire de bruit.

LA VOIX DU PÈRE
Tit-Mand !

Musique : arrêt brusque.

Armand s'immobilise, terrorisé.
Plan général de l'escalier vu d'en

53

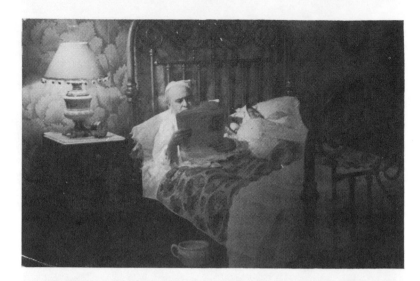

bas. Tout en haut, menaçant, le père, en chemise de nuit.

Plan moyen d'Armand vu d'en haut.

Gros plan du père, vu d'en bas.

Gros plan d'Armand.

Vague geste d'Armand.
Gros plan moyen du père.

Gros plan moyen d'Armand.

Gros plan du père.

Plan moyen d'Armand.
Il écoute la semonce, tête baissée.

Gros plan du père.

Gros plan d'Armand, l'oeil terne, mais romantique.

Plan moyen du père, solennel, avec « back light » le dessinant à travers sa chemise de nuit.

L'image s'efface.

LE PÈRE
C'est toi, ça ?

ARMAND
(*Sidéré, balbutie.*) Eh... non !

LE PÈRE
Conte pas de menteries, c'est toi ! Sais-tu quelle heure qu'il est ?

L'horloge sonne une heure.

LE PÈRE
D'où c'est que tu viens ?

ARMAND
(*Il monte une marche vers la caméra et noblement.*) De l'A.C.J.C., père !

LE PÈRE
Tit-Mand, tu mens !

LA VOIX DU PÈRE
T'es encore sorti avec elle, hein ? C'est comme ça que tu frises tes cinquante cennes par semaine !

LE PÈRE
Où c'est que tu veux en venir avec elle ?

ARMAND
On veut se marier ensemble.

LE PÈRE
Jamais !... Jamais mon fils épousera la fille d'un conservateur !

55

Sixième épisode

Plan moyen de l'extérieur de la maison d'Armand. Le père Duval, canne et haut-de-forme, sort nerveusement.

Musique dramatique.

LA VOIX
Le lendemain matin, le père Duval sortit de chez lui de bonne heure...

Il envoie un coup de pied sur une bouteille qui attendait le laitier et qui vole dans les airs.

LA VOIX
Il semblait de mauvaise humeur.

Plan général du trottoir en enfilade. Le père Duval s'en va en boitillant.

LA VOIX
Où allait-il, d'un pas si léger ?

Fondu enchaîné.
Plan moyen de la chambre de Marguerite s'étirant dans son lit, qu'une bande de soleil vient éclairer.
Marche avant jusqu'au gros plan moyen.

LA VOIX
Eh ! oui, chez Marguerite, qui s'éveillait dans sa petite chambre de jeune fille pauvre mais honnête.
La musique s'efface. Coups à la porte.

LA CAMÉLIA
Entrez !

Gros plan moyen de la bonniche dans la porte. Elle fait sauter un « trente sous » dans sa main.

LA BONNE
Un vieux monsieur pour madame.

Gros plan moyen de la Camélia se rejetant, ennuyée, sur son oreiller.

LA CAMÉLIA
Encore !

Gros plan moyen : prise du sol, vue du père Duval paraissant dans la porte, noble.

LE PÈRE
Madame Marguerite Gautier, s.v.p. ?

Plan moyen de la Camélia se levant et enfilant un déshabillé.

LA CAMÉLIA
C'est moi... Vous êtes monsieur... ?

Gros plan moyen du père Duval.

LE PÈRE
Duval...

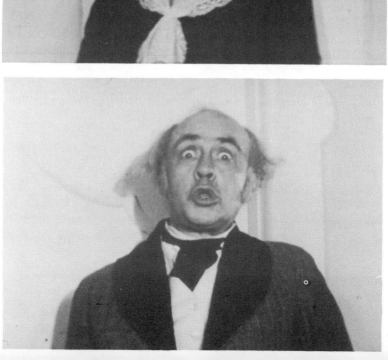

Gros plan moyen de la Camélia.

LA CAMÉLIA
Ah bon ! Le fils d'Armand ?

Plan moyen de la Camélia et du père Duval.

LE PÈRE
Non : son père !

LA CAMÉLIA
(*Sentant que ça va barder.*)
Wow ! Asseyez-vous, monsieur.

Marche arrière jusqu'au plan général de la chambre. Un rideau de gaze apparaît entre le champ et la caméra.

Musique dramatique.

LA VOIX
Éloignons-nous un peu et jetons un voile sur cette pénible scène...

Le père et la Camélia se sont assis tous les deux à une distance respectable. Atmosphère digne. Le père parle. La Camélia écoute, puis se lève, indignée, lui lance une potiche par la tête et se promène en levant les bras au ciel. Lui continue d'expliquer avec de petits gestes nerveux. Elle se jette en sanglotant sur son lit. Le père s'approche, visiblement pour la consoler, et s'assoit sur le bord du lit. Elle se jette sur son épaule en sanglotant. Lui s'assure d'abord de la discrétion du lieu, puis l'enlace... paternellement.

Musique : duo de basson et de petite flûte, chaque instrument traduisant la voix de l'un des personnages.

LA VOIX
... où le vénérable vieillard va obtenir de la douce Marguerite qu'elle se déchire le poitrail pour s'en arracher à jamais ce coeur tout enflammé d'amour pour le bel Armand.

Musique : à la fin de la scène, la flûte et le basson se joignent pour jouer à l'unisson : « Ô belle nuit, ô nuit d'amour... » des « Contes d'Hoffman ».

Gros plan moyen : la Camélia vide le portefeuille du père, dans une position qui rappelle la même scène avec Armand.

L'image s'efface, mais la musique dramatique continue.

Septième épisode

Plan moyen de la Camélia assise sur les genoux du père devant un secrétaire. Elle écrit.

LA VOIX

La mort dans l'âme, Marguerite écrivit ce soir-là une longue lettre d'adieu...

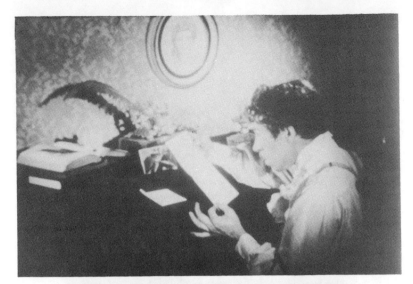

Gros plan de la lettre par-dessus l'épaule d'Armand.

LA VOIX

... à son bien-aimé.

On y lit :

Mon chéri,
Je te dis : M...e !
Margot.

Musique très dolorosa.

Gros plan d'Armand lisant la lettre. Expression dramatique.

LA VOIX

Armand, fou de douleur, songea un moment à s'enlever la vie.

La caméra plonge jusqu'à la poitrine d'Armand : d'une main il entrouve sa chemise et de l'autre se pique le ventre douillettement avec un coupe-papier.

La musique s'efface.

ARMAND

Ayoye !

Fondu enchaîné de l'image.

Plan moyen de Fridolin écrivant dans son cahier.

LA VOIX

Mais il décida qu'il était aussi noble et moins souffrant de mourir d'amour... Le temps passa... Et, un beau soir, c'était fatal, il la revit...

Musique de « casino ».

Plan général, en vue plongeante, de la salle d'un casino. Au centre, grande table de jeu. Va-et-vient des joueurs. Lustre au premier plan.

LA VOIX

C'était au Grand Casino Voleur.

Plan moyen de joueurs au bout de la table verte. Armand, face à la caméra, de l'autre côté de la table,

LA VOIX

Armand, ce soir-là, avait une grosse veine... Soudain...

abat ses cartes et rafle l'enjeu. Les dos des joueurs cachent la table.

Panoramique vers la porte.

Plan général de l'entrée. Marguerite entre au bras de l'archiduc Rodolphe.

Musique : arrêt brusque et coups de trompettes.

Musique « sucrée ».

> LA VOIX
> ... elle fit son entrée au bras de l'archiduc Rodolphe.

Gros plan de Marguerite.

> LA VOIX
> Qu'elle était donc belle donc elle, ce soir-là !

La musique devient plus dramatique.

Gros plan d'Armand : on voit les battements de son coeur qui soulèvent son veston.

> LA VOIX
> À sa vue, le coeur d'Armand battit à tout rompre.

Musique : la même, en crescendo.

Plan moyen d'Armand qui se lève en renversant sa chaise.

> LA VOIX
> Prompt comme la gazelle, Armand se leva...

Gros plan des mains d'Armand saisissant sur la table une poignée de « cennes noires ».

> LA VOIX
> Il saisit tout son gain de la soirée...

Plan moyen d'Armand, de dos, et de Marguerite, de face. Rodolphe est derrière Marguerite. Armand lance les sous à la figure de Marguerite, qui plonge vers le plancher.

> LA VOIX
> ... et le lui garrocha en pleine face.

Gros plans rapides :
a) d'Armand soufflant nerveusement.
b) de Rodolphe, frisant sa moustache, l'air vindicatif.

Musique : arrêt et coups de gong.

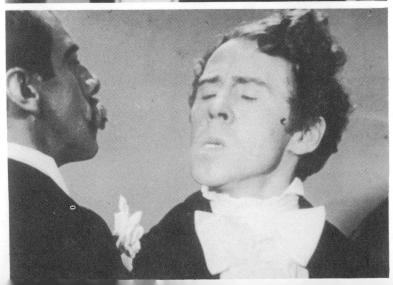

c) de Marguerite, à genoux, ramassant les pièces de monnaie.

Plan éloigné de Rodolphe qui enjambe Marguerite et avance vers la caméra.

Gros plan de Rodolphe et d'Armand qui s'avancent l'un vers l'autre, de profil.

Musique dramatique.

ARMAND

Rodolphe, as-tu du coeur ?

RODOLPHE

À quatre pas d'ici, je te le fais savoir.

ARMAND

(*Hautain.*) Courbe le front, fier Sycambre !

RODOLPHE

Je vous répondrai par la bouche de mes canons.

ARMAND

Un roitelet pour vous est un pesant fardeau.

RODOLPHE

(*Blêmissant sous l'outrage.*) Marchons sans discourir.

ARMAND

Rien ne sert de courir, il faut partir à point.

RODOLPHE

J'aime le son du cor, le soir au fond des bois !

Musique dramatique.

Plan moyen d'Armand et de Rodolphe qui échangent leurs cartes, puis marche arrière de la caméra découvrant le tabouret sur lequel Armand est monté et qui l'amenait nez à nez avec l'archiduc.

LA VOIX

Deux hommes, forts et beaux, allaient risquer leurs vies pour la femme de leurs rêves.

Panoramique vers la Camélia, à terre, en train de compter sa fortune.

Fondu enchaîné de la musique et de l'image.

Huitième épisode

Plan général d'une ligne d'horizon encadrée d'arbres dénudés. En silhouette, Rodolphe et Armand s'avancent l'un vers l'autre, suivis de leurs témoins. Chapeaux hauts-de-forme, fracs et gants noirs.

Plan moyen de Rodolphe qui s'avance vers la caméra, en faisant des moulinets.

Plan moyen d'Armand s'avançant vers la caméra, l'âme en peine. Marche arrière de la caméra, comme il atteint le gros plan. Il avance encore de quelques pas.

Plan moyen des adversaires qui se rejoignent et se saluent cérémonieusement.

Plan moyen d'Armand. Un de ses témoins lui enlève sa redingote et l'autre lui relève le bas de son pantalon. Les témoins se retirent.

Plan moyen des duellistes se couchant côte à côte, la tête aux pieds.

Gros plan moyen des duellistes, jambes enlacées. Ils « tirent de la jambette ». Armand culbute, ignominieusement.

Plan moyen d'Armand, face contre terre et derrière en l'air. Rodolphe et les quatre témoins s'en vont d'un pas militaire, presque gaiement.

Les chants d'oiseaux s'effacent, de même que l'image.

Musique rappelant « Une nuit sur le mont Chauve ». Tempo de marche.

Roulement de tambour.

Coup de cymbales. Musique : chants d'oiseaux.

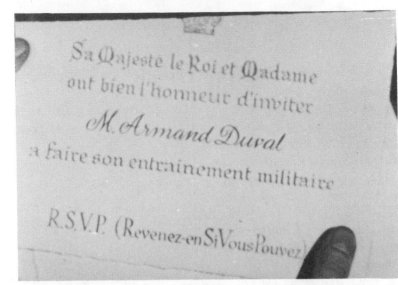

Sa Majesté le Roi et Madame
ont bien l'honneur d'inviter
M. Armand Duval
à faire son entraînement militaire

R.S.V.P. (Revenez-en Si Vous Pouvez)

Neuvième épisode

Très gros plan des mains d'Armand qui décachettent une enveloppe doublée de rose et en sortent une magnifique carte d'invitation portant le sceau royal. On lit sur la carte :

> Sa Majesté le Roi et madame
> ont bien l'honneur d'inviter
> M. Armand Duval
> à faire son entraînement
> militaire.
> R.S.V.P.
> (Revenez-en si vous pouvez.)

LA VOIX

Dans son malheur, Armand eut une bien grande joie.

Musique : l'air « Nouvelle agréable », qui se termine avec les quatre notes de la victoire de la symphonie de Beethoven.

Fondu enchaîné de l'image et de la musique.

Gros plan moyen d'Armand en uniforme de soldat d'opérette. Salut militaire fantaisiste.

Musique : tambour qui bat la marche, nerveusement.

Plan moyen d'Armand, assis à côté d'un monceau de pommes de terre. Il en épluche une en cinq temps, au rythme du tambour. Visage triste.

LA VOIX

Au camp d'entraînement, Armand se passionna pour le noble métier du soldat...

Musique : fondu enchaîné du tambour et de « La fleur que tu m'avais jetée ».

Gros plan d'Armand, morvant.

LA VOIX

Mais Armand, au milieu des grandeurs militaires, pensait toujours à Marguerite...

Fondu enchaîné de l'image.

Gros plan de Marguerite dans sa loge.

LA VOIX

Pauvre elle ! Malgré une méchante coqueluche qui la minait lentement... (*Toux « distinguée » de la Camélia.*)

Vue en plongée sur une affiche de théâtre :

  Comédie Française
   La Camélia
    dans
 « L'annonce faite au mari »
 Vaudeville de Paul Claudel.

Plan moyen de la Camélia dans un décor claudélien, avec un figurant, tous deux en costume moyenâgeux.

Marche avant jusqu'au gros plan de la Camélia.

LA VOIX

... elle était revenue au théâtre où elle connaissait les succès les plus retentissants.

LA CAMÉLIA

Moi, Violaine, je te dis, dans l'air opaque et nébuleux du soir...

... Ô bâtisseur de cathédrales, laisse là tes poutres à assembler et retourne tes pas vers ton foyer. Car, ça me fait de la peine de te le dire, mais t'es cocu !

Fondu enchaîné de la musique et de l'image.

Gros plan : affiche de théâtre :

  Opéra de Paris
   La Camélia
    dans
 « Samson et Dalila ».

Musique : applaudissements mêlés à un air de l'opéra « Samson et Dalila ».

Fondu enchaîné de la musique et de l'image.

Plan moyen de la Camélia, dans le rôle de Samson, tournant une meule de rémouleur. Un garde dans le fond. Elle flageole.

Musique : introduction de l'air « Vois ma misère, hélas, vois ma détresse ! »

LA CAMÉLIA

(*Chante.*) Pensez pas qu'c'est pas maudit
Tourne la manivelle (*bis*)
Pensez pas qu'c'est pas maudit
Tourne la manivelle jusqu'à samedi.

Fondu enchaîné de la musique et de l'image.

Gros plan : Affiche de théâtre :
Les ballets russes de
Monte-Cristo
La Camélia
dans
« Scheherazade ».

Musique : applaudissements mêlés à la musique de « Scheherazade ».

Gros plan de la Camélia dansant le rôle de la favorite de « Scheherazade ». Décor de harem, avec figuration appropriée.
Gros plan de la Camélia dansant. À la fin de la scène, elle a un accès de toux impressionnant et accuse une faiblesse visible.

Fondu enchaîné de l'image.

Gros plan de la Camélia toussant à s'en arracher les poumons.

LA VOIX
(*Pendant le fade-in de l'image.*)
Mais l'inexorable coqueluche suçait les dernières forces de Marguerite. (*Toux allongée et caverneuse.*)

Marche arrière jusqu'au plan moyen. Un médecin tâte le pouls de Margueite, couchée dans son lit.

LA VOIX
Un médecin, appelé en consultation auprès de Marguerite, donna un diagnostic sans appel.

Gros plan du médecin.

LE MÉDECIN
Margot travaille trop [2] !

Fondu enchaîné de l'image.

---

2. Allusion à une bande dessinée publiée par les journaux de l'époque et qui portait exactement ce titre.

Dixième épisode

Plan général d'Armand projeté dans la rue par la porte de la caserne. Son chapeau et son manteau viennent le rejoindre. Plan moyen d'Armand « se ramassant » devant un bulletin de nouvelles. Soudain, son attention est attirée. Il s'approche et lit.

LA VOIX
Pendant ce temps Armand terminait son entraînement militaire avec grande distinction.
Musique : « Il a gagné ses épaulettes... »

Gros plan du bulletin « Le Canada parisien » :
La Dame aux Camélias à l'agonie. Elle donnera ce soir « La Mort du Cygne ». Qui mourra le premier, Marguerite ou le cygne ? That is the question !

Musique : accord dramatique.

Plan moyen de Fridolin écrivant à sa table de travail.

LA VOIX
Pauvre Armand, il faut qu'il revoie une dernière fois Marguerite, mais comment se rendra-t-il ?

LA VOIX
N'écoutant que son courage, Armand chaussa ses raquettes et s'élança dans la tourmente...

Plan général d'une violente tempête de neige.

Plan moyen d'Armand courant en raquettes dans la tempête. Costume de raquetteur, évidemment.

Musique : « Courez, joyeux cortège, raquettes agiles, traîneaux légers... »

Plan général de la Camélia, dans les coulisses, se dirigeant vers la caméra en tutu et en béquilles. Elle marche jusqu'au gros plan moyen.

Musique : introduction du ballet « La mort du cygne », de Saint-Saëns.

Plan moyen de la Camélia de dos, face à la scène. Elle se lance en scène, en lâchant ses béquilles.

73

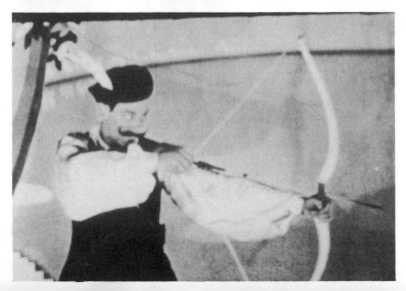

Plan moyen de la Camélia dansant sur la scène.

Plan moyen de Rodolphe, en chasseur de ballet, un arc à la main et un carquois sur le dos, sortant de la coulisse.

Fondu enchaîné de la musique et de l'image.

Gros plan d'Armand luttant bravement contre la poudrerie aveuglante.

Musique : « Courez, joyeux cortège... »

Fondu enchaîné de la musique et de l'image.

Plan moyen rapide de la Camélia dansant.

Musique : « Le Cygne ».

Gros plan moyen du chasseur bandant son arc et tirant.

Gros plan moyen de la Camélia. Réaction, comme elle reçoit la flèche dans l'arrière-train. Elle arrache la flèche, la jette au loin et faiblit.

Fondu enchaîné de l'image et de la musique.

Grand plan d'Armand escaladant un banc de neige.

Musique : « Courez, joyeux cortège... »

Plan moyen de la Camélia dansant. Elle a peine à se tenir debout.

Musique : « Le Cygne ».

Gros plan d'Armand, la figure couverte de neige.

Musique : « Courez, joyeux cortège... »

Plan moyen de la Camélia pirouettant sur elle-même, très faible.

Musique : « Le Cygne ».

Plan moyen du chasseur, l'air sadique, prenant une autre flèche dans son carquois.

Plan moyen d'Armand enlevant prestement ses raquettes, à l'entrée des artistes du théâtre.

Musique : « Le Cygne », d'abord en sourdine, puis plus fort quand Armand ouvre la porte et entre dans le théâtre.

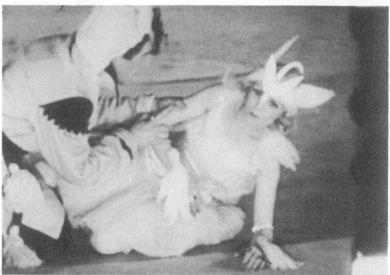

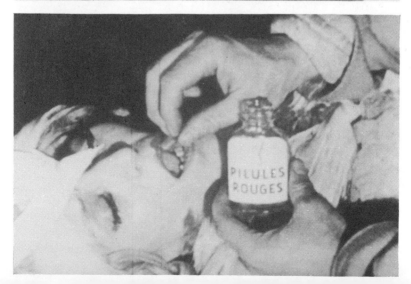

Plan moyen de la Camélia et du chasseur. Elle s'écrase à terre et lui s'avance au-dessus d'elle, l'arc bandé, prêt à tirer.

Plan moyen d'Armand entrant à la course, toujours en costume de raquetteur. Il sort un sling-shot de ses longs mocassins.

Plan général de la scène par-dessus l'épaule d'Armand. Le chasseur tient la Camélia en joue. Armand tire, le chasseur s'écroule.

Plan moyen d'Armand s'agenouil-lant à côté de la Camélia. Il sort une fiole de sa poche.   *Acclamations délirantes de la salle.*

Gros plan d'Armand versant toute une fiole de « Pilules rouges » dans la bouche de la Camélia.   *Applaudissements et bravos.*

Très gros plan de la Camélia mâchant les pilules et revenant à la vie.

Plan général de la Camélia. Elle se lève et ils s'enlacent.

Gros plan pudique d'un baiser.

Gros plan de la main de la Ca-mélia sortant le porte-monnaie d'Armand de la poche arrière de son pantalon de raquetteur.

Fondu enchaîné de l'image et de la musique.

Gros plan de la main de Fridolin écrivant dans son cahier :   *Musique : « En passant par la p'tit' côte... »*

FIN

Gros plan moyen de Fridolin de face, assis à sa table de travail et faisant un clin d'oeil au public.

Fondu de l'image et de la musique.

RIDEAU

La guerre totale

Distribution

MADAME LABONTÉ	Juliette Béliveau
MADAME LATENDRESSE	Amanda Alarie
MAM'ZELLE ANGÉLIQUE	Juliette Huot
MADAME LADOUCEUR	Fanny Tremblay

Décor

Une usine d'avions. Un appareil en construction occupe le milieu de la scène. Aux murs, des affiches de propagande :

« Mères de famille, gagnez des indulgences en même temps que la guerre. »

« La femme patriote est à l'usine. »

« Jeunes Canadiennes, perdez tout ce que vous voudrez, sauf la guerre. »

Angélique ainsi que mesdames Labonté et Latendresse, en salo-
pettes et la tête recouverte d'un casque métallique à visière, travaillent
sur l'avion. La première rive à l'électricité une plaque de blindage,
que les deux autres tiennent en place. On entend le bruit d'une batterie de
foreuses. Le calme se fait quand retentit le sifflet de l'usine. Les travail-
leuses enlèvent leurs casques et s'assoient, madame Labonté juchée sur
le nez de l'avion et les deux autres à côté de l'appareil. Elles allument
des cigarettes.

ANGÉLIQUE

Déjà midi !

MADAME LABONTÉ

Midi ?

ANGÉLIQUE

Voyons, qu'est-ce que je dis là ? Minuit !

MADAME LATENDRESSE

On voit ben que vous êtes pas encore habituée à travailler de nuit.

ANGÉLIQUE

Ça doit prendre quelques jours pour s'habituer. Euh...
je veux dire : quelques nuits.

MADAME LABONTÉ

C'est clair ! Moi, en tout cas, j'aime bien mieux le shift
de nuit.

ANGÉLIQUE

Pourquoi ?

MADAME LABONTÉ

Je suis pas obligée de me lever le matin pour aller travailler.

ANGÉLIQUE

Ça a bien du bon sens.

MADAME LATENDRESSE

'Coute donc, vous fumez pas, vous ?

ANGÉLIQUE

J'oubliais.

MADAME LATENDRESSE

Dépêchez-vous : on a juste dix minutes pour tirer notre touche.

ANGÉLIQUE

J'y pensais pas, parce qu'à mon ancienne place on avait pas le droit de fumer.

MADAME LABONTÉ

Vous étiez dans les explosifs ?

ANGÉLIQUE

Oui : ils prétendaient que c'était dangereux pour le feu. Vous parlez des fatigants ! Seulement, on s'en fichait : on passait notre temps à fumer dans les toilettes.

MADAME LATENDRESSE

Pourquoi c'est que vous avez changé de place, donc ?

ANGÉLIQUE

C'est bien simple : à force de respirer toutes ces odeurs-là, j'étais devenue jaune comme un citron, même que le docteur voulait que je lâche les munitions.

MADAME LABONTÉ

Lâcher les munitions ? Tu parles d'un vrai !

ANGÉLIQUE

C'est ce que j'ai dit : j'vais changer de « plant » s'il le faut, mais je retournerai pas servante, certain !

MADAME LATENDRESSE

Ah ! Vous étiez servante ?

ANGÉLIQUE

Ben oui ! Depuis six ans que j'étais à la même place. Franchement j'étais bien traitée... quasiment comme quelqu'un de la famille. Seulement v'là-t-y pas que la bourgeoise se mêle d'avoir un autre p'tit !

MADAME LABONTÉ

Faut pas avoir de considération pour les servantes !

ANGÉLIQUE

C'est ce que je lui ai fait remarquer. Elle me répond : « C'est toujours pas de ma faute ! » J'ai répliqué : « C'est encore bien moins de la mienne ! » C'est là-dessus que j'ai sapré mon camp !

MADAME LATENDRESSE

Vous le regretterez pas. D'abord, ici la job est pas fatigante.

ANGÉLIQUE

Non ?

MADAME LATENDRESSE

D'autant plus que, moi, travailler de nuit, ça me fait pas peur : j'ai eu cinq-z-enfants en quatre ans et deux mois.

ANGÉLIQUE

Je comprends !

MADAME LATENDRESSE

Même que c'est devenu une seconde routine pour moi.

ANGÉLIQUE

Quoi ?

MADAME LATENDRESSE

Ben de « grinder » des « tappets » puis de « bolter » des « avisses » dans les « cockpits ».

ANGÉLIQUE

Moi, franchement, je trouvais ça moins fatigant de faire les lits puis de passer la mop dans ma cuisine.

MADAME LABONTÉ

Ça vous payait-y autant ?

ANGÉLIQUE

Ah, ça !

MADAME LATENDRESSE

Oui : il y a la paye. Et ça, c'est important !

MADAME LABONTÉ

Moi, si quelqu'un m'avait dit qu'un bon jour j'aurais les moyens de m'acheter un manteau en vraie imitation de mouton de perse d'Alaska, j'y aurais répondu : « Ça se peut pas ! »

MADAME LATENDRESSE

Comme c'est là, il doit s'en venir vite, votre manteau, m'ame Labonté ?

MADAME LABONTÉ

Certain ! À coups de $32.00 par semaine !

ANGÉLIQUE

Oui, mais ils vous en ôtent une belle tranche pour l'impôt...

MADAME LATENDRESSE

Puis l'assurance-chômage...

MADAME LABONTÉ

Puis les certificats d'Épargne. Qu'est-ce que vous voulez, il faut bien être patriotiques !

MADAME LATENDRESSE

Oui... d'autant plus qu'ils nous laissent pas le choix.

MADAME LABONTÉ

Faudrait pas oublier la contribution à l'Union des Weldeuses.

ANGÉLIQUE

Savez-vous qu'à la fin, il doit pas vous en rester gros ?

MADAME LABONTÉ

Non... mais je me retape sur l'« overtime ». Et puis après tout, $32.00 faut toujours que ça soye $32.00. Les chiffres sont là !

MADAME LATENDRESSE

Prenez m'ame Gougeon, qui travaillait ici avant vous : elle l'a eu, son manteau de « seal ».

MADAME LABONTÉ

Eh ! oui : juste avant de rentrer à l'hôpital.

ANGÉLIQUE

À l'hôpital ? Elle a eu un accident ?

MADAME LATENDRESSE

Jamais de la vie ! Mais elle faisait bien que trop d'« overtime » !

ANGÉLIQUE

Ah ! bon.

MADAME LABONTÉ

Seulement, elle, c'était une feluette : moi, c'est pas pareil.

ANGÉLIQUE

Vous avez pourtant pas l'air de Samson.

MADAME LABONTÉ

Admettons que j'ai diminué un peu depuis que je suis entrée ici.

ANGÉLIQUE

Vous me semblez pas mal au coton.

MADAME LABONTÉ

C'est vrai que, la semaine passée, j'ai voulu prendre une police d'assurances...

ANGÉLIQUE

Je gage que vous avez été refusée à l'examen médical.

MADAME LABONTÉ

Oui, mais... c'est un petit morveux de docteur qui m'a examinée. (*Elle a une quinte de toux à la fois profonde et sonore.*)

ANGÉLIQUE

Savez-vous que vous commencez à me faire peur, là vous.

MADAME LABONTÉ

(*À travers sa toux.*) Ben voyons donc ! Un beau manteau de fourrure, ça vaut bien quelques livres de graisse.

MADAME LATENDRESSE

Sans compter qu'on est indépendantes !

MADAME LABONTÉ

Oui, madame : je vous dis que m'ame Casgrain, même dans son plus beau temps, avait jamais espéré autant pour les femmes.

MADAME LATENDRESSE

Moi, j'avais toujours trouvé mon mari chanceux de ficher son camp de la maison tous les matins.

85

ANGÉLIQUE

Vous travailliez pas en dehors avant la guerre ?

MADAME LATENDRESSE

J'avais essayé : je voulais aller « weaver » à la « factory » de coton.

ANGÉLIQUE

Mais votre mari voulait pas.

MADAME LATENDRESSE

Non, puis le « recorder » non plus : il disait que ma place, c'était à la maison avec mes enfants.

MADAME LABONTÉ

On sait ben : les hommes, ça comprend rien.

MADAME LATENDRESSE

Seulement, là, vu que je travaille pour sauver le pays, le bonhomme a été obligé de prendre son trou.

MADAME LABONTÉ

Parce qu'il y a pas à dire : c'tte guerre-là, c'est nous autres, les femmes, qu'on est en train de la gagner !

ANGÉLIQUE

Votre mari doit quand même chicaner, des fois.

MADAME LATENDRESSE

Vous comprenez, il commence à être tanné de manger des beans en boîte, de rester dans une maison toute à l'envers puis de se lever la nuit pour changer la couche du petit.

MADAME LABONTÉ

Vous devez avoir des prises de bec, de temps en temps ?

MADAME LATENDRESSE

Ben on n'a pas grand-chance : le matin, quand j'ouvre la porte pour rentrer, c'est lui qui sort. Puis, quand il arrive, c'est moi qui débarrasse.

ANGÉLIQUE

Savez-vous que ce système-là, ça va vous couper la famille.

MADAME LATENDRESSE

Écoutez là, vous : on peut toujours pas avoir des enfants puis sauver la race en même temps !

MADAME LABONTÉ

Non, certain ! Je vous dis qu'élever la famille qu'on a déjà, puis bolter des aréoplanes en même temps, ça prend des femmes qui ont du poil aux pattes !

MADAME LATENDRESSE

Je cré ben ! Tenir une maison toute la journée, puis tenir une « drill » toute la nuit, c'est des saintes que ça prend. Parce que c'est ça qu'on est nous autres : des vraies saintes !

ANGÉLIQUE

Pour en revenir aux enfants, franchement, ça doit pas toujours être drôle pour eux autres.

MADAME LABONTÉ

Bah ! Ils s'arrangent comme il faut tout seuls.

MADAME LATENDRESSE

Prenez chez nous : ma petite fille va à la classe pareil ! En tout cas, je pense ben qu'elle y va... Je peux pas m'occuper d'elle, parce que, comme de raison, faut ben que je dorme toute la journée ! Seulement je suis pas inquiète...

MADAME LABONTÉ

Moi aussi je suis tranquille. Y a rien que mon plus vieux qui couraille un peu, puis qui est un peu trop souvent à la Cour juvénile. Mais aussi bien qu'il prenne de l'expérience jeune !

MADAME LATENDRESSE

Certain : ça va le déniaiser. D'autant plus que le ministre qui est venu nous voir, l'autre jour, nous l'a dit : « La famille c'est bien beau, mais sauvons la démocratie d'abord ! »

MADAME LABONTÉ

(*Brandissant son outil.*) Il a ben raison ! Il faut commencer par le principal : la famille, O.K... mais la démocratie, trois fois O.K ! C'est la base puis le fondement de tout, tout, tout ! Comme il disait, le ministre : « La démocratie, c'est les deux mamelles qui nourrissent la civilisation puis la religion. » S'il y avait pas de famille, y aurait pas de... de famille... euh... parce que... Dites donc : ça a du bon sens ce que je dis là, toujours ?

MADAME LATENDRESSE

Inquiétez-vous pas : c'est la vérité vraie !

MADAME LABONTÉ

Il me semblait aussi. Dans tous les cas, vous m'arrêterez, si je déparle. (*Reprenant son envolée.*) Oui, mesdames : la démocratie, c'est sacré ! C'est bien beau de rester à la maison pour élever des petits mais c'est ici, à la shop, que les femmes vont sauver la famille puis la civilisation...

ANGÉLIQUE

Puis la démocratie !

MADAME LABONTÉ

Ben oui : je l'oubliais, celle-là. Puis nos libertés !

MADAME LATENDRESSE

Puis nos droits !

ANGÉLIQUE

Puis notre langue, batêche !

MADAME LABONTÉ

Puis notre religion, saint simonaque !
Coup de sifflet : les bruits de machine reprendront progressivement.

ANGÉLIQUE

Eh ben ? Encore un petit coup de coeur à donner !

MADAME LABONTÉ

Pour la démocratie... puis pour mon manteau de fourrure !

Passe madame Ladouceur, son manteau par-dessus sa salopette, un mouchoir sur la tête et son sac sous le bras.

MADAME LATENDRESSE

Tiens, m'ame Ladouceur ! Vous vous en allez ?

MADAME LABONTÉ

Êtes-vous malade ?

MADAME LADOUCEUR

Non, mais je fiche mon camp avant de l'être par exemple !

MADAME LABONTÉ

Ben voyons : vous êtes plus patriotique que ça !

MADAME LADOUCEUR

J'en ai par-dessus la tête de monter des queues d'ario-planes : je m'en vais me coucher avec mon vieux.

MADAME LABONTÉ

Laissez-vous pas ramollir de même !

MADAME LADOUCEUR

Quand je pense que j'entendrai plus ce vacarme-là, que je vais dormir à mon goût, manger à l'heure, comme tout le monde, m'occuper de mon mari puis de mes enfants... Bon-soir la visite ! (*Elle sort.*)

ANGÉLIQUE

Tu parles d'une cinquième colonne !

MADAME LATENDRESSE

Mais... y avait longtemps qu'elle branlait dans le manche.

MADAME LABONTÉ

Qu'est-ce que vous voulez : c'est pas avec des poules mouillées qu'on fait des Jeanne d'Arc.

ANGÉLIQUE

On sait ben : elle a des enfants.

MADAME LABONTÉ

M'ame Latendresse, ici présente, en a cinq, puis moi trois.

MADAME LATENDRESSE

Seulement, on va-t-y laisser Hitler venir ici détruire nos familles ?

Jamais !

MADAME LABONTÉ

On va lui montrer qu'on a pas besoin de lui pour ça...
puis qu'on est capables toutes seules !

RIDEAU

Les saints du jour

Distribution

Premier tableau :
L'ENFANT DE CHOEUR   Gratien Gélinas

Deuxième tableau :
LE CHAUFFEUR   Henri Poitras
LE CLIENT   André Courchesne

Troisième tableau :
L'ANNONCEUR   Clément Latour
LA MÉNAGÈRE   Fanny Tremblay

Quatrième tableau :
LE SÉNATEUR   Julien Lippé

Cinquième tableau :
LUI   Henri Poitras
ELLE   Juliette Huot

Sixième tableau :
LE MARIN   Fred Barry

Septième tableau :
LA SECRÉTAIRE   Juliette Béliveau

Présentation

Fridolin, costumé en enfant de choeur, paraît à l'avant-scène et chante, un missel à la main, sur l'air du cantique « Chantons les combats et la gloire ».

Chantons les combats et la gloire
Des saints illustres de l'année.
Leur sort est tell'ment méritoire,
C'est notr' devoir de les fêter
Y en a qui man-angent d'la misère
Mais y en a d'autr's c'est des vrais rois.
Ils moissonnent durant la guerre,
Ce qu'ils ont semé dans la paix.

Avant de sortir, il attrape un câble tombant des cintres et fait sonner à la volée une cloche invisible. Comme il disparaît dans la coulisse, le rideau s'ouvre sur un petit décor en forme de niche d'église.

Deuxième tableau — Saint Chauffeur-de-taxi

Le chauffeur est au volant d'un simulacre de taxi.

LE CHAUFFEUR
(Chante sur l'air du refrain de « Vous permettez que je déballe mes outils ».)
C'est moi que j'suis le chauffeur de taxi,
J'vous dis j'suis pas n'importe qui.
C'est bien étonnant comme depuis la guerre,
Je suis devenu populaire.
Un client entre de la coulisse et fait signe au taxi d'arrêter.

LE CLIENT
(Chante sur l'air du couplet.)
Monsieur l'chauffeur, embarquez-moi,
Ayez pitié de moi.

LE CHAUFFEUR
D'abord, dans quel bout allez-vous ?
Moi, j'vais pas n'importe où.

LE CLIENT

Bien c'est dans l'Ouest que j'ai affaire.

LE CHAUFFEUR

Ça fait pas mon affaire,
J'ai bien plus l'goût d'aller dans l'Nord.

LE CLIENT

Ben, j'vas y aller d'abord. (*Il s'assoit à l'arrière du taxi.*)

LE CHAUFFEUR

(*Reprenant le refrain.*)
Embarquez vite, puis prenez pas trop d'place
J'pars pas à moins d'dix passagers
Parc' que pour des voyag's en bas d'vingt piastres
C'est pas la peine de m'déranger.

Un petit rideau vient fermer l'ogive, pour s'ouvrir presque aussitôt sur le tableau suivant. Il en sera de même pour les autres sketches de « Les saints du jour ».

Troisième tableau — Saint Annonceur-de-savon

L'ANNONCEUR

(*Devant un micro, lit une annonce commerciale.*) Je passais l'autre jour dans la rue, quand je vis une brave mère de famille en train d'étendre son lavage sur la corde. Son linge était gris, terne, sans goût. Je m'approchai et lui dis : « Pardon, madame, si je me mêle de ce qui ne me regarde pas... mais savez-vous que vous ne savez pas du tout comment faire la lessive ! Pour avoir le linge le plus blanc de l'univers, pourquoi n'essayez-vous pas notre nouveau savon amélioré ? Vous serez étonnée, madame...

LA MÉNAGÈRE

(*Faisant irruption dans le studio, un manteau par-dessus son tablier.*) Écoute, toi : ça fait trente ans que je lave ! Si tu penses que t'es meilleur que moi, arrive : tu vas venir le faire à ma place, mon lavage ! (*Elle l'attrape solidement par le revers de son veston et disparaît avec lui.*)

94

Quatrième tableau — Saint Sénateur

Le sénateur est assis dans un fauteuil confortable, un verre dans une main et un cigare dans l'autre.

LE SÉNATEUR
(Chante sur l'air de « Je n'donnerais pas ma place... »)
Je n' donn' rais pas ma place
Pour être député
Je n' donn' rais pas ma place
Y a personn' qui peut m' l'ôter
J' suis rendu honorable
J' suis pas inquiet d' l'av' nir
J' suis tell' ment confortable
Que je pass' tout mon temps à dormir
J'étais rentré d'justesse
Aux dernières élections
En faisant la promesse
Qu'on n'aurait pas d'conscription.
Que tout l'monde aill' se battre,
J'suis rendu sénateur,
Vous pensez que j'm'en sacre,
De mes bonn's poir's d'électeurs.

Cinquième tableau — Saint Montréalais

Un homme en guenilles, le veston déchiré, la cravate arrachée, un oeil au beurre noir, arrive en scène et s'affale sur une chaise.

ELLE
(Entre après lui.) Mon Dieu ! Mais qu'est-ce qu'il t'est arrivé, Hector ? T'es-tu battu ? As-tu eu un accident ?

LUI
Ah ! non... Non, mais j'ai réussi à embarquer dedans, le toryeu de tramway !

Sixième tableau — Saint Marin

Derrière un simulacre de bateau, le marin scrute l'horizon à travers une longue-vue.

LE MARIN

(*Chante sur l'air connu.*)
Sur le grand mât d'une corvette
Un mat'lot canayen sacrait,
Disant d'une voix inquiète
Ces mots que personn' n'écoutait :
Qu'est-c' que la marin' canayenne
Vient fair' près d'la côte africaine

R'virez, r'virez, ô mon navire,
Parc' que les sous-marins all'mands,
R'virez, r'virez, ô mon navire,
Ils sont rendus dans l'Saint-Laurent.

Septième tableau — Saint Adélard-le-suiveux

LA SECRÉTAIRE

(*Devant son bureau. Un téléphone à gauche et un autre à droite. Elle parle dans le téléphone de droite.*) Allô, Ottawa ?... Dépêchez-vous, voyons ! (*Buzz : tout en gardant dans sa main le récepteur du téléphone de droite, elle répond à celui de gauche.*) Oui, oui, m'sieur Godbout [1], j'ai la communication avec Ottawa... Prenez patience : ce sera pas long ! (*Elle raccroche le téléphone de gauche et continue à droite.*) Allô ?... Écoutez, décidez-vous : ça commence à être grave... m'sieur le Premier Ministre attend depuis cinq heures... Il dit que franchement la situation n'est plus tenable ! (*Buzz : elle répond à gauche.*) Un instant, un instant, m'sieur Godbout : après tout, vous n'êtes pas un enfant ! (*Elle continue à droite.*) Allô... Quoi ?... Oui ?... Certain ?... Ça a été approuvé par le Cabinet ? Ah, merci ! (*Elle raccroche et parle dans le téléphone de gauche.*) M'sieur Godbout ? C'est correct, m'sieur King a dit oui : vous pouvez aller faire pipi !

---

1. Adélard Godbout, Premier ministre (libéral) du Québec, avait été obligé par Mackenzie King, Premier ministre (libéral) du Canada, à céder certains droits provinciaux au Gouvernement fédéral, à l'occasion de la guerre.

Le bon petit garçon
et le méchant petit garçon

(monologue)

Fridolin, costumé à la « Eton » — petit uniforme noir, grands bas jusqu'en haut des genoux, souliers vernis, col de celluloïd et grosse boucle blanche — vient au centre de l'avant-scène et fait une révérence au public.

FRIDOLIN

(*Annonçant sa récitation dans le style « séance de collège ».*) Le bon petit garçon et le méchant petit garçon, par moi-même. (*Il salue de nouveau l'auditoire.*)

Il était une fois un bon petit garçon, chéri de son père et de sa mère. Tous les jours, on pouvait le voir s'en aller-z-à l'école, malgré le vent qui tombait et la neige qui soufflait... (*Il a indiqué d'un geste large le mouvement du vent « qui tombe » et celui de la neige « qui souffle », mais s'arrête.*) Euh... c'est-à-dire : le contraire ! Il s'en allait l'âme sereine, car il savait que c'était là son devoir, son devoir qu'il avait fait la veille au soir et qui était là, sur son vaillant petit dos... (*Qu'il indique.*) ... dans son saque d'école, à côté d'une pomme qu'il apportait à sa maîtresse chérie, qui le baisait chaque fois.

Ses leçons, il les savait, ah oui ! Aussi c'était toujours lui que sa maîtresse envoyait au grand tableau noir et, dans tout le village, on le citait comme un exemplaire ! Conséquem-

ment, sur ses bulletins mensuels, il avait toujours cent pour
cent, sinon plus. Et sa mère, apprenant la nouvelle, le pres-
sait sur son sein tout rose de plaisir.

Le soir, au retour de la classe, les petites filles, point ne
s'en occupait, oh non ! Car il voulait garder son petit coeur...
(*Qu'il indique.*) ... blanc comme l'azur du ciel. (*Qu'il indique
également.*) Il se contentait pour tout divertissement de jouer ✓
un peu avec son moine et ses billes.

Au contraire, le méchant petit garçon faisait le désespoir
de sa famille. C'est dire qu'il leur causait peu de joie. En
effet, il « foxait » l'école plus souvent qu'autrement. Au lieu
de se rendre à la classe incontinent, il molestait dans la rue
les petites filles, qui, chose étrange, l'aimaient quand même.
Dans son saque d'école, point de livres ni de cahiers, mais des
canifs, des toupies et des pelotes en quantité ! Aussi, ses bulletins mensuels, il n'en avait pas. Et sa mère, apprenant la
nouvelle, pleurait silencieusement et lui disait d'une voix
brisée par la douleur : « Va scier, va scier tout le bois dans la
cour ! » Mais le méchant petit garçon, qui avait bien plus
envie de jouer qu'envie de scier, il se sauvait dans la ruelle et il
allait jouer à la cachette avec les petites filles... Jeu malsain,
s'il en fut un !

Le croiriez-vous ? Un jour, il mit des punaises sur la chaise de la maîtresse, qui, piquée au vif, le punit vertement en le chassant de la classe. C'est alors que, banni de tous, honni, exécré, conspué, je dirai même détesté, il dut se faire député ! (*Une dernière fois, il salue gravement le public et disparaît dans la coulisse.*)

Coup d'oeil
sur l'arrière-front

Distribution

LE MARCHAND	Gratien Gélinas
SON EMPLOYÉ	André Courchesne
LE COMMIS VOYAGEUR	Julien Lippé
LE CONSTABLE	Fred Barry
LE CLIENT	Henri Poitras
MADAME LALONGER	Fanny Tremblay
MADAME LATOUR	Amanda Alarie
LE DÉTECTIVE	Clément Latour
LE LIVREUR	J.-R. Tremblay

Décor

Un petit magasin général formé de deux comptoirs en V. Du côté de l'épicerie, quelques boîtes de conserves isolées. De l'autre côté, une couple de cartons et de pièces de tissus. Toiles d'araignée dans les tablettes.

Au lever du rideau, le jeune employé dort, couché en rond de chien sur le comptoir. Coups redoublés à la porte.

L'EMPLOYÉ

(*Lève la tête et s'étire.*) Hé !... Attendez, boutique ! Défoncez rien ! (*Il va ouvrir en bâillant.*)

LE VOYAGEUR

(*Entrant.*) Comment, mais vous êtes pas encore ouvert à dix heures, vous autres ?

L'EMPLOYÉ

Ça sert à rien de se presser : pour ce qu'on a à vendre, on a du temps de reste ! (*Le téléphone a sonné pendant cette réplique : il va répondre.*) Allô !... Non, madame, on n'en a pas... On n'en a pas, non plus... Non, il en reste plus... Ah, ça c'est disparu du marché : vous devriez le savoir !... En tout cas, si vous êtes pas contente, achalez-moi pas ; c'est-y moi qui vous ai appelée ? (*Il raccroche.*)

LE VOYAGEUR

Dis donc, ton patron est là, Tit-gars ?

L'EMPLOYÉ

Tit-gars ! Faites attention à ce que vous dites, vous ! Vous parlez à un livreur qui livre pas en bas d'une piastre !

LE VOYAGEUR

Et puis toi, sais-tu à qui tu parles ?

L'EMPLOYÉ

Dites-le donc pour voir ?

LE VOYAGEUR

Je suis le commis voyageur.

L'EMPLOYÉ

(*Éberlué.*) Pas le commis voyageur ? (*Il court et crie vers l'arrière du comptoir.*) Patron ! Patron ! Réveillez-vous : v'là le commis voyageur ! Dépêchez-vous avant qu'il s'en aille !

LE MARCHAND

(*Surgissant de derrière le comptoir.*) Hein ? Quoi ? Où est-ce qu'il est ? (*Lui offrant un tabouret.*) Asseyez-vous ! Quelle belle visite ! Si c'est pas gentil de venir nous voir comme ça...

(*Le téléphone a sonné.*) Excusez-moi : je vais répondre. Ça sera pas long : allez-vous-en pas ! (*Il décroche.*) Allô !... Du jus de tomate ? Oui, madame, j'en ai une boîte, mais vous avez pas les moyens de vous la payer ! (*Il raccroche.*)

LE VOYAGEUR

Dites donc, vous les arrangez, vos clients, vous ?

LE MARCHAND

Ben quoi ? On est indépendant ou on l'est pas !

LE VOYAGEUR

C'est pas de mes affaires, mais la guerre durera pas toujours !

LE MARCHAND

Je le sais. Seulement, ça fait vingt ans que je suis à quatre pattes devant les clients : pour une fois que je les tiens par le bout du nez, qu'ils souffrent un peu, boutique !

LE VOYAGEUR

Quant à ça ! Puis qu'est-ce que vous voulez en fait d'épicerie, ce mois-ci ?

LE MARCHAND

C'est pas mêlant : j'ai besoin de tout ! (*L'employé s'étend sur le comptoir entre les deux et se prépare à dormir.*) Écoute, mon garçon : va te coucher ailleurs.

L'EMPLOYÉ

Ah ben, mosus !

LE MARCHAND

Tu nous déranges un peu, ici, sur le comptoir. Va t'étendre de l'autre côté : tu vas être bien sur la tablette du coton absorbant. (*Au voyageur, comme l'employé sort en maugréant.*) Où est-ce qu'on en était ?

LE VOYAGEUR

Si vous voulez me placer votre commande de conserves, c'est le temps.

LE MARCHAND

Pour commencer, il me faudrait des petits pois no 4.

LE VOYAGEUR

On n'en a pas !

LE MARCHAND

Des petites fèves ?

LE VOYAGEUR

(*Regarde à la dérobée dans son carnet.*) Il m'en reste plus.

LE MARCHAND

(*Ils continuent comme s'ils jouaient à la devinette.*) De la soupe aux pois ?

LE VOYAGEUR

(*Même jeu.*) Non.

LE MARCHAND

(*Comme au milieu d'un jeu passionnant.*) Du saumon ?

LE VOYAGEUR

On en manque.

LE MARCHAND

Du café ?

LE VOYAGEUR

Hé, hé ! Demandez-moi donc la lune, quant à y être !

LE MARCHAND

Mais qu'est-ce que vous avez, boutique noire ?

LE VOYAGEUR

On n'a rien en tout !

LE MARCHAND

Qu'est-ce que vous venez faire ici, d'abord ?

LE VOYAGEUR

Ah moi, je suis payé pour faire ma « run », je la fais !

LE MARCHAND

Autrement dit, vous êtes payé à rien faire ?

LE VOYAGEUR

Quant à le donner au Gouvernement, la compagnie aime autant me le donner à moi.

LE MARCHAND

À vrai dire, c'est encore moins choquant !

Entre le client timide.

LE VOYAGEUR

(*Se préparant à partir.*) Bon ! Eh bien, salut !

LE MARCHAND

C'est ça, salut !

LE VOYAGEUR

En tout cas, pour le café, là...

LE MARCHAND

(*Espérant, envers et contre tout.*) Ouais ?

LE VOYAGEUR

... Je pense pas d'en avoir avant la fin de la guerre.

LE MARCHAND

Ça fait rien : passez pareil, la semaine prochaine.

LE VOYAGEUR

C'est ça... puis j'vous dirai combien de livres que je peux pas vous en laisser avoir !

LE MARCHAND

Bien d'accord !

LE CLIENT

(*S'avançant, les fesses serrées.*) Pardon, monsieur...

LE MARCHAND

Que c'est que vous voulez, vous ?

LE CLIENT

Je voudrais...

LE MARCHAND

Ça sert à rien, on n'en a pas !

LE CLIENT

Je voudrais vous faire remarquer que vous avez vendu à ma femme une douzaine d'oeufs à 60 cents !

LE MARCHAND

Ouais ? Et puis après ?

LE CLIENT

D'après le plafond des prix, vous n'avez pas le droit de vendre les oeufs plus que 49 cents la douzaine.

LE MARCHAND

Voulez-vous le savoir ? Le plafond des prix, il coule, c'est tout !

LE CLIENT

Mais, c'est illégal.

LE MARCHAND

(*Ricane.*) Ah, c'est illégal ? Elle est bonne, celle-là ! J'ai la bonté de vous vendre une douzaine d'oeufs. J'étais pas obligé de vous la vendre. Seulement, je me laisse attendrir... puis v'là ma récompense !

LE CLIENT

Choquez-vous pas : moi, je disais ça...

LE MARCHAND

Ouais... Eh ben, vous allez le regretter, vous !

LE CLIENT

Monsieur l'épicier !

LE MARCHAND

Premièrement, je vous vends plus rien !

107

LE CLIENT

Faites pas ça, monsieur l'épicier...

LE MARCHAND

C'est fini ! Et puis, deuxièmement, allez vous mettre en pénitence dans le coin... espèce d'ingrat ! (*Le téléphone sonne.*) Envoyez : à genoux ! (*Pendant que le client s'exécute, il répond au téléphone.*) Allô ?... Quoi ? Cinq livres de steak haché... Quand est-ce que vous m'avez donné cette commande-là ?... D'accord, mais ça fait seulement cinq jours de ça, ma chère dame... Eh bien, qu'il attende, votre mari ! Vous savez pas que j'ai pas le droit de livrer plus qu'une fois par quinze jours ?... Non, madame, c'est pas le Gouvernement qui fait ce règlement-là : c'est les marchands ! Mais le Gouvernement, il dit toujours comme nous autres, de ce temps-ci... Eh, achalanteries ! Attendez une minute... (*Appelant.*) Tit-Nest !... (*Il crie vers la coulisse.*) Tit-Nest... Ohé ! Réveille-toi, une seconde, mon garçon, puis viens ici.

L'EMPLOYÉ

(*Paraît à moitié endormi.*) Quoi ?

LE MARCHAND

Pourrais-tu aller porter, dans le cours de la semaine prochaine, cinq livres de steak haché à madame Lafond ? Elle attend après.

L'EMPLOYÉ

Ah ! non : j'suis fatigué, moi ! (*Il s'en retourne, nonchalant.*)

LE MARCHAND

Non, madame, c'est pas possible : mon commis veut pas... Ah ! non, je suis pas pour le forcer. Puis si vous êtes pas contente, arrangez-vous. Parce que les commis, ils sont bien rares, tandis que des clients, on en a en masse ! (*Il raccroche.*)

LE CLIENT

(*Toujours à genoux, il lève la main.*) Est-ce que je peux me lever, monsieur l'épicier ?

LE MARCHAND

Correct, relevez-vous. Puis allez-vous-en !

LE CLIENT

Ben, c'est-à-dire que je voudrais avoir...

LE MARCHAND

Je vous l'ai dit : je vous vends plus rien, à vous !

LE CLIENT

Faites pas d'affaires de même : j'ai trois enfants en bas
âge !

LE MARCHAND

Ça sert à rien, je le répète !

LE CLIENT

Écoutez : laissez-moi avoir...

LE MARCHAND

Non !

LE CLIENT

Rien qu'une petite livre de beurre !

LE MARCHAND

(*Ricanant.*) Du beurre ?

LE CLIENT

Une petite, petite, petite livre... Une demi-livre... (*Le
marchand chantonne, comme si de rien n'était.*) Un quart de livre ?...

LE MARCHAND

Ouais ! Eh bien, commencez par me demander pardon
pour les oeufs !

LE CLIENT

Pardon, monsieur l'épicier !

LE MARCHAND

Dites : sans vous, je crèverais de faim.

LE CLIENT

(*Répète.*) Sans vous, je crèverais de faim...

LE MARCHAND

Donnez-nous aujourd'hui notre beurre quotidien !

LE CLIENT

Donnez-nous aujourd'hui notre beurre quotidien...

LE MARCHAND

Ne nous laissez pas succomber à l'inanition !

LE CLIENT

Ne nous laissez pas succomber à l'inanition...

LE MARCHAND

Soyez mon salut !

LE CLIENT

Soyez mon salut...

LE MARCHAND

Soyez mon amour !

LE CLIENT

Soyez mon amour...

LE MARCHAND

(*Satisfait.*) Bon, O.K. !

LE CLIENT

Oh, merci, merci !

LE MARCHAND

(*Sort un trousseau de clefs, ouvre une armoire, en sort une assiette reliée à une chaîne, coupe avec un couteau un petit coin de la motte de beurre qui y trône, essuie « le tout » sur un papier, qu'il dépose sur la balance. Lisant.*) Un quart d'once fort ! (*Pendant qu'il plie le papier.*) Je suis pas supposé vous vendre le beurre à l'once : je fais ça pour vous accommoder.

LE CLIENT

Je comprends...

LE MARCHAND

Ça fait que j'vais vous compter une livre... (*Il fait une facture.*) Une livre de beurre à 38 cents... Je marque 38 cents, parce que c'est le prix du Gouvernement, mais, vu que c'est ma dernière livre, vous allez me donner 80 cents.

LE CLIENT

(*Risque timidement.*) Écoutez : 80 cents pour une once de beurre...

LE MARCHAND

Rouspétez pas, ingrat que vous êtes, parce que...

LE CLIENT

O.K ! O.K ! monsieur l'épicier. (*Il sort sa monnaie.*)

LE MARCHAND

Puis changez d'air : j'aime pas ça les gens qui me boudent ! Souriez... C'est ça... Et puis qu'est-ce qu'on dit au gentil monsieur ?

LE CLIENT

Merci.

LE MARCHAND

Merci qui, mon chien ?

LE CLIENT

Merci, monsieur l'épicier.

Pendant les répliques précédentes, le constable est entré, s'est dirigé vers le téléphone et a fait un numéro.

LE MARCHAND

Maintenant, fichez-moi le camp. Et puis je veux pas vous revoir avant trois semaines !

Comme entre madame Latour, le client sort sans demander son reste et le marchand disparaît pour quelques secondes dans l'arrière-boutique.

LE CONSTABLE

(*Au téléphone.*) Allô, Arthur ?... Eh ben, pour les deux poches de sucre, là, c'est entendu : je vais te les avoir sur la

« slide ». En même temps, je vais t'apporter 20 livres de café, mais pour les coupons de gazoline, ça va aller à demain, par exemple... En tout cas, pense donc à ton affaire, d'ici ce temps-là, puis si t'as besoin de pneus, dis-moi-le... O.K. ?... Salut ! (*Il raccroche et sort comme madame Lalonger vient d'entrer.*)

MADAME LATOUR

Bonjour, madame !

MADAME LALONGER

Tiens, comment ça va, vous ? Puis votre maison de chambres, ça marche toujours ?

MADAME LATOUR

Je vous crois : je viens justement de louer mon dernier garde-robes $5.00 par semaine !

LE MARCHAND

(*Revenant derrière son comptoir.*) Pour vous, mesdames ?

MADAME LALONGER

Moi, je voudrais un corset.

LE MARCHAND

Un corset ? Qu'est-ce que vous allez mettre là-dedans, vous ? Vous avez pas besoin de ça !

MADAME LALONGER

Mon doux ! Si vous me voyiez pas de corset, je suis pas regardable.

LE MARCHAND

O.K., je prends votre parole ! Quel point que vous voulez ?

MADAME LALONGER

Un 18.

LE MARCHAND

(*Il a pris une boîte et regarde l'étiquette.*) C'est de valeur, mais j'ai rien qu'un 36.

MADAME LALONGER

Mais ça va être deux fois trop grand !

113

LE MARCHAND

Eh ben, vous ferez deux fois le tour, c'est tout.

MADAME LALONGER

Quel modèle vous avez ?

LE MARCHAND

Fatiguez-vous pas pour ça, on n'a rien qu'un modèle, celui de la Victoire : pas de baleines, pas d'élastique, pas d'agrafes, pas de jarretières...

MADAME LALONGER

Pensez-vous que ça soutient pareil ?

LE MARCHAND

Ah ça, c'est une autre question !

MADAME LATOUR

Moi, j'en ai un... puis, franchement, ça supporte pas le diable.

MADAME LALONGER

Il faut bien que je le prenne quand même.

MADAME LATOUR

Qu'est-ce que vous voulez ? En temps de guerre, le Gouvernement se fiche pas mal de notre ligne de défense, à nous

114

autres ! (*Au marchand.*) J'ai besoin de quelque chose, moi aussi.

LE MARCHAND
Allez-y, mais pour moi, vous allez frapper un noeud.

MADAME LATOUR
Vous avez des bananes ?

LE MARCHAND
(*Ricanant.*) Des bananes ? Avez-vous un numéro de priorité ?

MADAME LATOUR
Non.

LE MARCHAND
Tant pis pour vous !

MADAME LATOUR
Comment ? Faut une priorité pour ça aussi ?

MADAME LALONGER
Pas de bananes ! Ça, par exemple, ça dépasse tout !

LE MARCHAND
Y a des compensations : depuis que les Anglais ont arrêté d'en manger, y a les bonnes pommes du Québec.

MADAME LATOUR
Allez vous secouer les pommes, vous !

MADAME LALONGER
Une pomme, ça remplacera jamais une bonne banane.

Soudain, la porte s'ouvre. Un détective paraît, chapeau sur les yeux, mitraillette à la main.

LE DÉTECTIVE
Allons, les femmes, le long du mur ! Et puis pas de bagarre, hein ? (*Les deux femmes se lèvent et vont se placer face au mur, les mains en l'air, pendant qu'entre un livreur — costume de la Brink — qui porte précieusement une demi-douzaine de bouteilles de bière. Le marchand s'empresse d'ouvrir son coffre-fort.*)

RIDEAU

Et le rideau se relève sur les femmes du sixième rang, qui font un « bi » de tricot, de filage, de tissage, de reprisage, de papotage... et de danse, évidemment.

La vitrine brisée

(monologue)

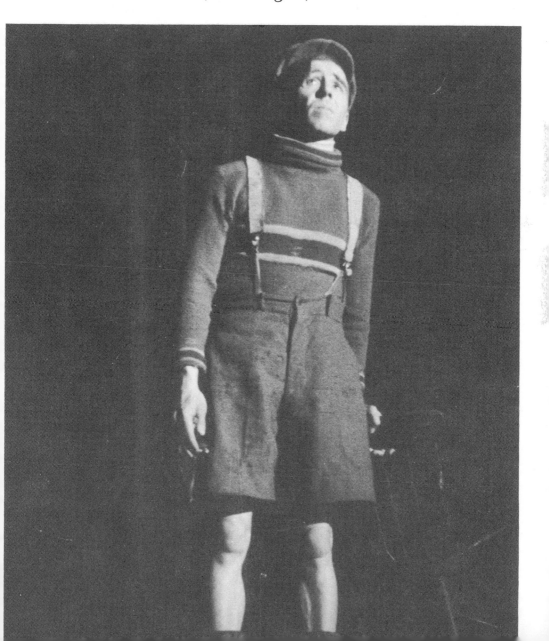

Fridolin, son sling-shot à la main, vient s'asseoir à l'avant-scène face au public.

FRIDOLIN

Je viens de casser une vitrine avec mon sling-shot ! Une belle grande vitrine, chez le boucher au coin ! Seulement, c'est pas de ma faute. Je sais pas comment j'ai fait mon compte : j'étais en train de viser une grande annonce de Kik, sur le mur à côté. Tout d'un coup, Tit-Coq me poussaille en se couraillant avec Gugusse, puis vlang ! j'attrape la vitrine...

J'ai une crampe dans le ventre : c'est toujours comme ça quand je suis émotionné... Je sais pas s'il m'a vu, lui... Ah oui, il a dû ! Et puis, il m'a reconnu certain, parce que je l'ai aperçu qui me reluquait dans sa porte, avec sa grosse face de cochon de lait... en sacrant comme un loup-garou !

(*Il jette un coup d'oeil par-dessus son épaule, sursaute et se lève comme pour se sauver à la course, mais se ravise.*) Excusez-moi : je pensais que c'était la police ! (*Il se rassoit, nerveux.*) Eh souffrance ! Qu'est-ce qu'elle va dire, ma mère ? Par-dessus le marché, il fallait que ça tombe sur notre boucher, qu'on a tant de misère à avoir du crédit de lui, malgré toute la cochonnerie qu'il nous vend de ce temps-ci !

Ça le fait exprès : juste avant, pendant que je jouais dans la rue, m'man me crie d'aller chercher deux livres de baloney pour le lunch de mon père. « Depêche-toi : ça presse ! » Je me dis : « je vas tirer encore cinq coups, puis j'vas y aller ». Crac, ça tombe sur le cinquième ! J'aurais bien dû obéir tout de suite, et puis tirer seulement quatre coups...

Eh souffrance ! Pourquoi que je me suis sauvé comme un voleur, aussi ? C'est là qu'il m'a vu ! J'avais rien qu'à pitcher mon sling-shot dans la poubelle, puis à prendre l'air hypocrite, les deux mains dans mes poches. D'abord, j'étais pas tout seul à avoir un sling-shot : Tit-Coq aussi en avait un. Seulement, quand j'ai entendu le fracassage de la vitrine, il m'est parti comme un pétard dans le back-stop ! À part ça qu'il beuglait : « Police ! Police ! » C'était pas pour me remettre en petite vitesse. Depuis que j'ai l'âge de raison que je me fais dire à tout bout de champ : « La police va t'attraper ! La police va te couper les oreilles... Elle va t'emmener

118

devant le juge ! » À c'tte heure, c'est rendu que c'est plus fort que moi : je suis pas capable de voir un casque à palette sans avoir un frisson sur l'épine dorsale. C'est comme pour les souris : je sais qu'elles me mordront pas... mais j'ai peur quand même !

Je sais bien que je suis rien qu'un « pea-soup ». Seulement qu'est-ce que vous voulez ? C'est une question d'éducation, comme on dit : je commençais juste à marcher, avec les jambes croches comme un zéro, que ma mère me traînait déjà avec elle, le soir, dans tous les coins de la maison, parce qu'elle avait peur des morts toute seule à la noirceur. On en a-t-y eu, dans notre parenté, des revenants qui demandaient des prières !

Puis encore maintenant, au premier coup de tonnerre ou au premier éclair de chaleur, tout le monde se tire à genoux dans la maison, une chandelle à la main, en s'arrosant d'eau bénite à pleine tassée les uns les autres ! Avec un entraînement comme celui-là, c'est pas surprenant qu'un gars grandisse les fesses serrées...

Eh souffrance de vitrine ! Je suis pas malchanceux en monde, vous pensez ? J'aurais ben dû pas siffler hier aussi, avec un parapluie ouvert dans la maison ! (*Il sursaute de nouveau.*) Je pensais encore que c'était la police ! Je vas attraper une maladie de coeur, avec tout ça...

En tout cas, qu'ils couraillent : ils m'attraperont pas. J'irai pas à l'École de réforme ! Je vais me laisser crever de faim dans la cave chez nous avant. D'autant plus qu'il me reste encore trois roches : ils vont les recevoir en plein front ! Je vais faire comme le bandit dans le magazine que je lisais l'autre jour chez Gugusse. Aïe ! si vous croyez pas, il y avait quinze, seize grosses polices qui tiraient à l'entour de sa maison mais, lui, il se défendait pareil ! C'est vrai qu'à la fin, il s'est fait écrapoutir la même chose...

Eh souffrance ! c'est-y tout ce qu'il y a de drôle à faire dans la vie, ça : toujours se sauver pour des choses que c'est pas de notre faute si on n'a pas pu s'arranger pour pas les faire ?

Que je trouve pas un bout de cigarette qui a du bon sens, parce que je me lâche à fumer !

Je commence à croire que la vie pour moi ça sera pas une « jolly ride en rumble seat » ! Pourtant je suis pas un gars bien difficile : j'aurais pas besoin d'un château, dans la vie, moi, avec des crachoirs en écume de mer dans la cuisine, des prélarts partout dans le salon... et puis des serviteurs pour m'écartiller la bouche quand j'aurais envie de bâiller !

Non, mais il me semble qu'il serait raisonnable d'avoir juste un petit peu plus d'affaires dans la maison qu'un lit pour se coucher, une table pour manger de la fricassée, avec, sur le dos, juste le linge qu'il faut pour pas se faire arrêter ! Pas toujours avoir les yeux sur la prochaine paye... Pas toujours dévisser la sonnette de la porte de devant, quand il est pour venir un collecteur...

Et puis, quand le boulanger passe, pas toujours dire : « Seulement deux gros pains ». Non. Des fois, dire : « Deux douzaines de « buns » aux raisins » ! Et puis en manger tant qu'on a faim ! S'il en reste, ben, qu'il en pourrisse !

Et puis, quand il vient de la visite, pas toujours acheter juste pour 25 cennes de chocolats Bordeau tout jaunis par le soleil... Juste plein un petit plateau : quand ta mère en a passé deux fois à la visite, il en reste plus pour les enfants... les enfants qui ont les yeux dessus depuis le commencement de la soirée, même si on leur a dit : « Vous en prendrez pas, vous autres, quand je vous en passerai ».

À vrai dire, j'ai commencé jeune à pas avoir de chance : le jour de ma première communion, sur les quarante-deux on était trois à avoir été placés en arrière de l'église, sur le dernier banc à côté du frère, parce qu'on était pas habillés comme les autres. J'avais pas un brassard après le bras, moi, avec un ciboire en or dessus. Pourtant, je devais être aussi propre que les autres, puis aussi cent pour cent pur en dedans... Seulement, qu'est-ce que vous voulez : notre famille était pas parmi les quatorze de la paroisse qui avaient payé pour avoir leur nom en dessous d'une station de chemin de croix !

C'est comme l'histoire de l'école : moi aussi, j'aurais aimé ça aller à l'école longtemps, pour faire un docteur, ou un avocat, ou un pompier... Mais, un beau matin du mois de septembre, ça m'aurait pris neuf piastres de livres, de cahiers et puis de crayons pour monter de classe. Seulement mon père venait de se casser un bras à la shop : ça fait que j'ai laissé l'école. Pour neuf piastres et quelques cennes, en tenant compte de la quête de la Sainte-Enfance...

Eh souffrance de vitrine ! J'étais bien, là ; je commençais à l'oublier. Qu'est-ce que je vais faire, donc ? Si je rentre pas à la maison, m'man va être inquiète sans bon sens, je la connais. Et puis si je rentre, je vais trouver un policeman assis dans le salon. Sans compter que je vais avoir une volée de mon père avant de partir en prison !

Si mon Ange gardien voulait me donner un coup de pouce, là, il aurait une souffrance de belle occasion ! En tout cas, s'il me sort de là, je serai pas un cochon. Ma prière, je vais la dire à chaque matin et à chaque soir... A part ça, mon bénédicité, je le réciterai à tous les repas, quand même j'aurais faim sans bon sens. En plus, je promets de faire un pique-nique l'été prochain à la chapelle de la Réparation.

Qu'est-ce que je vais dire au juge, moi ? Parce que je vais être obligé de me défendre moi-même : c'est pas après avoir cassé une vitrine de ce prix-là que je vais avoir les moyens de m'acheter un avocat ! Je pourrais lui dire : « Monsieur le Juge, j'ai cassé une vitrine, oui, mais c'est pas de ma souffrance de faute ! Parce que, moi, j'ai un sling-shot en parfait ordre, et il faut que je tire, c'est dans ma nature ! Et il faut que je tire loin : on dirait que ça me soulage les nerfs. Ce qui

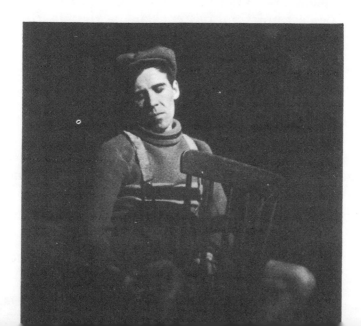

est compliqué, voyez-vous, monsieur le Juge, c'est que nous autres, les petits gars de notre rue, on peut pas tirer : on est toujours emprisonnés entre des rangées de maisons qui en finissent plus d'être des rangées de maisons... avec des vitrines, des lumières, et puis du monde qui viennent toujours se fourrer devant nous autres... Pourquoi qu'un garçon aurait un sling-shot, s'il peut pas s'amuser avec ?

L'année passée, il y avait un lot vacant derrière chez nous : là, on pouvait jouer un peu, les gars de ma rue. Seulement, un beau matin, ils se mettent à construire une usine de munitions en plein là. Je vous demande, monsieur le Juge, si c'est raisonnable de prendre un pauvre petit coin de terre, où c'est qu'il y a toujours moyen de s'amuser, en se forçant un peu, et puis de bâtir là-dessus des machines pour tuer le monde ? Ç'a peut-être bien du bon sens... mais, moi, je comprends pas !

D'un autre côté, il y a bien d'autres choses que les jeunes font sans comprendre, par le temps qui court. Par exemple, nos étés à la campagne, savez-vous ce que c'est, monsieur le Juge ? C'est de s'asseoir au bord du trottoir, à l'ombre d'une couple de poubelles, ma chère, avec une vue épatante sur tous les moyeux de voitures qui te passent sous le nez, pleins d'une belle grosse graisse noire. Quelquefois, ô bonheur ! la voiture à glace passe : tout le monde se garroche pour s'en attraper un morceau à sucer !

Nos vacances au bord de la mer ? C'est de se fourrer en dessous des arrosoirs qui passent dans la rue : là, tu as une chance de te faire humecter le nombril pour quelques secondes.

(*Se levant.*) Oui... Eh bien ! Je vous achalerai pas plus longtemps, monsieur le Juge, parce que vous devez avoir votre partie de golf à jouer. Alors, c'est ça, la situation : j'ai cassé une vitrine mais j'ai pas une souffrance de cenne pour la payer. Comme je veux pas que vous achaliez mon père avec ça, mettez-moi en prison, si ça vous chante. Seulement, si vous me laissez là trop longtemps, il sera trop tard, quand je sortirai, pour m'enrôler et aller défendre la richesse du Canada ! »

Il sort vers la coulisse.

Le mariage d'Aurore

Distribution

AURORE	Juliette Huot
THÉODORE	Clément Latour
LE PÈRE ROCHON	Fred Barry
LA MÈRE ROCHON	Amanda Alarie
GILBERTE	Berthe Demers
LA TANTE CLARA	Juliette Béliveau
MONSIEUR ROBIDOUX	J.-R. Tremblay
MADAME ROBIDOUX	Fanny Tremblay
ALPHONSE, frère d'Aurore	Julien Lippé
ESDRAS, un cousin	Henri Poitras
ARTHUR, un invité	André Courchesne

Premier tableau — La veillée d'armes

La cuisine d'un ménage d'ouvrier : cuisinière à gaz couverte de casseroles ; table encombrée de pains, de tranches de jambon, de pots de moutarde, de bouteilles de catsup, de plats de laitue, etc. Il est environ six heures du soir. Gilberte est assise à la table en train de fabriquer des sandwichs. Le père, debout près d'elle, coupe un pain en tranches. La mère, près de la cuisinière, jette, en les comptant, des cuillerées de café dans un grand chaudron.

LA MÈRE

(*Comptant.*) Quinze, seize, dix-sept...

GILBERTE

Sa mère !

LA MÈRE

(*Comptant plus fort.*) Dix-huit, dix-neuf...

GILBERTE

Môman, bon !

LA MÈRE

Vingt et un... Bon, me v'là toute mélangée ! Qu'est-ce que tu veux, donc ?

GILBERTE

Il reste plus de beurre pour les sandwichs.

LA MÈRE

Va chercher la livre qui est dans la glacière.

GILBERTE

C'est celle-là que je viens de finir.

LA MÈRE

Mon doux Seigneur, tu me dis pas ! Qu'est-ce qu'on va faire ?

LE PÈRE

Y a pas de problème : on a assez de sandwichs pour dix noces !

GILBERTE

Aurore a dit d'en faire un plein « boiler ».

125

LA MÈRE

Appelle donc ta tante : moi, j'en ai par-dessus la tête. (*Elle fouille dans le bas de l'armoire.*)

GILBERTE

Ma tante ! Ma tante Clara !

LE PÈRE

(*Chantonne.*) « Leurs draps de noces devinrent leur blanc linceul... »

LA TANTE

(*Arrive tout énervée.*) Voyons ! Qu'est-ce qu'y a ? Encore quelque chose qui marche pas, hein ?... J'ai jamais vu une veille de mariage aller mal de même ! J'ai pas hâte de voir ce qui va arriver demain !

GILBERTE

On n'a plus de beurre !

LA TANTE

Ben quoi : achetez-en ! Vous avez donc pas d'allure, tous ensemble ! Mais qu'est-ce que vous faites, tous les trois dans la place ? Énervez-vous, énervez-vous un peu : votre fille se marie demain !

LA MÈRE

Clophas, appelle donc, toi, à la « grocery ».

LE PÈRE

Je sais-t-y le numéro, moi ?

LA TANTE

Ben regarde à côté du téléphone, c'est écrit sur le mur.

LE PÈRE

(*Se dirige vers le téléphone en chantonnant.*) « Leurs draps de noces devinrent leur blanc linceul... »

LA TANTE

Pour moi, ils en auront plus de beurre : vous avez pas l'air de vous rendre compte qu'on est en guerre ! (*Prenant une tranche de pain sur la table.*) Regardez-moi donc ça : des tranches d'un pouce.

GILBERTE

C'est pôpa qui les a coupées tantôt.

LA TANTE

J'aurais dû y penser : les hommes, c'est épais dans le plus mince !

LE PÈRE

(*Au téléphone.*) Allô... La grocery ? Bon ! Dites donc, vous avez pas de beurre, vous autres non plus, je suppose ben ?... Non, hein ?... O.K., c'est parfait ! (*Il raccroche.*)

LA MÈRE

Non, mais en v'là-t-y une manière... (*Elle disparaît dans la coulisse.*)

LA TANTE

Eh, homme bête, va ! Quand je pense que j'ai failli me marier !

LE PÈRE

Si vous êtes pas contentes, faites-les, vos sandwichs, puis laissez-moi réduire mon whisky pour demain. (*Il chantonne sa chanson.*)

LA TANTE

Vas-y : t'es meilleur là-dedans !

Le téléphone sonne.

LA TANTE

Bon ! Qui est-ce que ça peut bien être ? Jésus-Marie ! Du moment que c'est pas une mauvaise nouvelle qui s'annonce !

LE PÈRE

Eh ben, réponds, Jésus-Marie ! puis on va le savoir.

LA TANTE

(*Au téléphone.*) Allô !... Qui ? Ah ! oui : vous êtes une de ses amies de fille, pas vrai ?... Non, c'est sa petite tante Clara qui parle... Eh ! oui, notre petite mariée se prépare, là : c'est sa dernière nuit de bon temps. Ah, je voudrais pas être à sa place ! Vous comprenez, elle est si jeune, puis si... si inexpérimentée, vous comprenez ? Mais faut dire qu'elle est bien cou-

127

rageuse ! C'est ça... vous allez m'excuser : on a tellement de choses à faire. Je l'appelle, là. (*Elle crie vers la coulisse.*) Aurore !... Aurore !... Ta petite amie Éva te veut au téléphone, ma chouette ! (*Elle sortira après l'entrée d'Aurore.*)

AURORE

(*Vient en coup de vent de la chambre : kimono attaché avec des épingles de sûreté, filet sur les cheveux, bas ravalés. Très énervée.*) Allô !... Qui ?... Ah ! oui... Ah... ça va aussi bien que ça peut aller quand on se marie le lendemain !... Quoi ?... Ah ! tu comprends, on fait ça dans la plus stricte intimité : on n'a invité rien que la parenté des deux bords puis nos meilleurs amis. Mais tu peux toujours venir quand même. Ensuite, tu comprends, des fois, inviter les gens, ça a l'air de les forcer à nous faire un cadeau. En tout cas, je t'invite si tu veux venir... Bien sûr : t'as le temps, avant que les magasins ferment... O.K ! À demain. (*Elle raccroche.*)

On a sonné à la porte, pendant le coup de téléphone. Gilberte revient avec un colis.

GILBERTE

Encore un beau cadeau, Aurore !
La mère entre.

AURORE

(*Fébrile.*) Montre donc ! (*Elle ouvre la boîte d'un tour de main.*) Bon : encore un beurrier !

GILBERTE

J'vais aller le mettre dans la salle à dîner avec les autres cadeaux.

AURORE

C'est ça ! Mets-le au bout de la table, avec les quatre paires de salières puis les trois sucriers.

LA MÈRE

Bon ! Eh ben, qu'est-ce que tu veux que je fasse, là, Aurore ?

AURORE

(*Débordée.*) Eh sainte pinouche ! Vous auriez bien dû faire la réception au Deluxe Grill, aussi, comme je l'avais demandé.

LA MÈRE

C'est cher sans bon sens dans ces places-là.

AURORE

Ouais ? Puis j'ai pas mérité ça, moi, avec la pension de sept piastres par semaine que je vous paye depuis trois ans ? Sans compter que j'achève de meubler la maison !

LA MÈRE

Renote donc pas ça tout le temps, pour l'amour !

AURORE

En tout cas, je me marie demain, moi, puis arrangez-vous : je veux des sandwichs pour tout le monde ! Puis tâchez d'en finir avec la cuisine : j'ai encore tout mon linge à préparer !

LA TANTE

(*La mouche du coche survenant on ne sait d'où.*) Eh oui, mon pauvre chou !... Laisse faire, ta tante va s'occuper de toi.

AURORE

Pour commencer, occupez-vous du beurre !

LA MÈRE

Appelle donc, Clara.

LE PÈRE

Si vous avez pas de beurre, c'est simple : prenez de la graisse de rôti !

AURORE

Son père, pas de farces : c'est pas le temps ! (*L'examinant sous le nez pour une seconde.*) Dites donc, mais vous avez ben les yeux drôles, vous ?

LE PÈRE

Moi ? Je trouve pas.

LA TANTE

(*Qui cherche dans l'annuaire du téléphone.*) Ça me surprend pas : il y a deux heures qu'il tripote dans le whisky !

129

LE PÈRE

(*Guilleret.*) Moi ? Non, non : je mélange, puis je goûte... juste un peu, pour voir si c'est pas trop fort. Parce que, une trompe, puis j'étends toute la parenté dans la place demain au deuxième coup.

AURORE

En tout cas, je vous avertis : pas de dérangeage demain ! (*Elle rentre dans la chambre, dont la porte reste ouverte.*)

LE PÈRE

Pas peur, pas peur !

LA TANTE

(*Qui a fait un numéro au téléphone.*) Allô ! Vous allez m'envoyer trois livres de beurre, tout de suite : c'est pour un cas de maladie... Bien, deux livres d'abord ?... Une livre ?... Quoi ? P'en toute, p'en toute ? Vous êtes bien certain de ce que vous dites là, vous ? Parce que ça peut aller loin, cette affaire-là... Ah, espèce d'homme effronté ! Vous allez entendre parler de moi, parce que je connais bien du monde, moi, vous savez, et puis... Allô... allô !... Si c'est pas insultant. (*Elle raccroche, outrée.*)

LA MÈRE

Tasse-toi donc un peu : je vas appeler chez Lusignan.

LA TANTE

(*Fait mine de s'éloigner, mais redécroche le récepteur et crie dans le téléphone.*) Laissez faire après la guerre, vous autres ! (*Elle raccroche, un peu soulagée.*)

LE PÈRE

(*Pour l'étriver.*) T'en as pas eu ben plus que moi !

La mère fait un numéro et parlera au téléphone en aparté pendant les répliques suivantes.

LA TANTE

Toi, Clophas, asticote-moi pas, ou ben tu vas t'arranger tout seul pour marier ta fille !

AURORE

(*Paraissant dans la porte.*) Écoutez, vous autres : commencez pas à vous chamailler. Parce que, moi... je suis assez énervée de voir que rien avance, je fais une crise !

LE PÈRE

(*Conciliant.*) T'entends, Clara, faut pas se chicaner : viens prendre un petit coup ! (*La tante disparaît en marmottant.*)

AURORE

(*Qui sort la boîte de savon Lux de sous l'évier et se prépare à laver une paire de bas tout en hurlant :*) C'est effrayant, mais on dirait que vous avez tous des mitaines dans les mains !

LA MÈRE

(*Raccrochant le récepteur du téléphone.*) Mon doux, ils en ont pas ! Qu'est-ce qu'on va faire ?

LE PÈRE

Dites donc : on soupe pas, icitte, aujourd'hui ?

LA MÈRE

Prends-toi quelque chose dans la glacière ; j'ai pas la tête à préparer un repas à soir, moi. (*Il se prend un sandwich dans le « boiler ».*)

AURORE

Vous, lâchez les sandwichs, hein : c'est pour demain. *Sonnerie à la porte.*

LE PÈRE

Tiens ! Un autre beurrier qui s'amène !

LA MÈRE

(*Criant vers la coulisse.*) Va ouvrir, Gilberte : ça doit être la vaisselle qui arrive.

LA TANTE

(*Qui entre en patinant.*) Êtes-vous allés répondre, quelqu'un ?

LA MÈRE

Gilberte y va.

LA TANTE

(*Revient à son leitmotiv.*) Jésus-Marie ! Quand je pense

que j'ai failli passer par le mariage, moi aussi ! (*Sortant.*) Que je remercie donc le bon Dieu de m'avoir protégée...

GILBERTE

(*Entrant avec un énorme paquet.*) Tenez, encore un cadeau ! Il doit être beau, parce qu'il est gros.

LE PÈRE

(*Qui s'approche tout en mangeant.*) Ta mère te dira que les plus grosses affaires sont pas toujours les plus belles...

On a enlevé le papier et on découvre une horreur de vase de trois pieds de haut.

GILBERTE

Hon ! Si c'est beau !

LA MÈRE

(*Regardant la carte.*) Ça vient d'Alphonse : il a toujours eu du goût, lui.

AURORE

Tu parles des belles couleurs !

LE PÈRE

C'est-y un porte-parapluies, ça ?

LA MÈRE

Voyons, Clophas : c'est une postiche.

AURORE

Va la porter dans la salle, Gilberte.

Y a pas à dire : ça va faire riche sur le radio.

LA MÈRE

Serre donc tes farces, Clophas, puis occupe-toi donc de préparer ton linge pour demain. (*Soudain énervée.*) Mon Dieu ! Gilberte, l'habit de ton père est-il revenu du nettoyage ?

GILBERTE

(*Au moment de sortir avec le vase.*) Oui, il est arrivé après-midi. Il est dans un grand sac, sur le chesterfield.

LA MÈRE

(*Soulagée.*) Ah, j'aie eu peur !
Le père, la mère et Aurore restent seuls.

LA MÈRE

Clophas ! (*Elle parle à l'oreille du père. Il acquiesce vaguement, comme la mère le pousse vers Aurore. Celle-ci, face au public, se lime les ongles sur le coin de la table.*)

LE PÈRE

(*Après une hésitation.*) Pendant qu'on est tout seuls, Aurore, y a quelque chose que c'est notre devoir de parents de te dire. On est un peu sur le tard, mais enfin...

AURORE

Que c'est qu'il y a ?

LE PÈRE

(*Visiblement embarrassé.*) Heu... vois-tu, ma petite fille, quand on s'est mariés, ta mère puis moi, nos parents nous avaient à peu près rien dit. On s'aimait en masse, tous les deux, seulement ta mère savait pas au juste *tout* ce qui l'attendait...

LA MÈRE

Clophas !

LE PÈRE

Puis, comme ta mère a jamais été ce qu'on appelle une amoureuse folle, je peux pas dire que ça simplifiait les affaires...

LA MÈRE

Coupe ça court, Clophas, puis dis donc ce que t'as à dire !

LE PÈRE

(*De plus en plus empatafiolé.*) Heu... Oui... Eh ben !...
Sonnerie à la porte.

LE PÈRE

(*Empressé.*) Ça sonne : je vas aller répondre.

LA MÈRE

Laisse faire : Gilberte va y aller.

134

LE PÈRE

Ouais... (*Prenant son courage à deux mains.*) Ben vois-tu, ma petite fille... faut que tu saches que... enfin, tu comprends, ton mari puis toi... toi puis ton mari... une fois que...

AURORE

Écoutez, son père, on est pressés ; fatiguez-vous donc pas puis allez donc « shiner » vos bottines !

LE PÈRE

(*Mi-ahuri et mi-soulagé.*) Eh ben ! (*Il pousse un long soupir et va se servir un coup à l'évier.*)

AURORE

(*Vers la coulisse.*) Qu'est-ce qui est arrivé, tantôt ? Un autre cadeau ? (*Comme Théodore paraît.*) Ah... c'est rien que Thodore !

THÉODORE

(*Les bras chargés de colis.*) Bonsoir, Aurore... Bonsoir, tout le monde !

AURORE

(*Tendue.*) Qu'est-ce que tu viens faire ?

LE PÈRE

(*Cordial.*) Veux-tu prendre un petit whisky, mon gendre ?

THÉODORE

Non, merci. (*À Aurore.*) C'est-à-dire que... je suis venu te voir en passant.

LE PÈRE

T'es venu faire ta dernière saucette de garçon ? (*Il s'affaire à l'évier en chantonnant.*) « Leur drap de noces... etc. »

AURORE

T'as donc rien à faire, toi, pour avoir le temps de te promener ?

THÉODORE

(*Empêtré.*) Ben... je voulais te montrer ce que je m'ai acheté.

AURORE

O.K ! Montre-moi ça, puis va-t'en.

LA TANTE

(*Entrant avec une boîte de fleurs.*) Tiens, Aurore, v'là ton bouquet de noces qui vient d'arriver. (*Voyant Théodore, sèche.*) Bonjour, monsieur.

THÉODORE

Bonjour, ma tante.

LA TANTE

Appelez-moi pas ma tante trop vite : on sait jamais ce qui peut arriver d'ici à demain matin. (*Elle sort.*)

AURORE

(*Qui a ouvert la boîte.*) Tiens, regarde-moi ça !

THÉODORE

J'espère qu'elles sont à ton goût.

AURORE

(*Rageuse.*) Je t'avais dit des roses *thé* !

THÉODORE

Ah !... J'avais compris...

AURORE

Des roses rouges, avec ma robe rose ! Je vais avoir l'air d'une forçure demain, moi !

THÉODORE

Je pensais que c'était ça que tu voulais.

AURORE

Sans dessein, va !

LA MÈRE

Voyons, Aurore, la veille de ton mariage !

AURORE

Je suis énervée, aussi, puis y a de quoi !

LE PÈRE

(*S'approchant, pompette.*) Ah ! tu sais, ta mère elle, le mariage, ça l'a jamais ben ben énervée... Ni avant, ni après.

LA MÈRE

Voyons, Clophas !

LE PÈRE

(*Dégageant.*) Ta mère, c'est une femme dépareillée pour la « cookerie », mais ça a jamais été une amoureuse folle !

137

THÉODORE

Inquiète-toi pas, pour les fleurs : je vais aller les changer. En attendant, j'ai un petit cadeau, ici, pour te déchoquer.

LA MÈRE

(*Conciliante.*) Si c'est fin, d'avoir pensé à ça !

AURORE

(*Ouvre un écrin et sort un collier. Un temps.*) Tu le savais pas, non, que j'avais pas de montre ?

THÉODORE

Ben...

LA TANTE

(*Entrant avec une boîte qu'elle dépose sur la table.*) Tenez, v'là la vaisselle qui arrive.

LA MÈRE

(*Qui ouvre la boîte et sort un verre.*) Mon Dieu ! Les verres à vin sont bien grands !

LA TANTE

Pour moi, avec des verres semblables, vous aurez jamais assez de vin Saint-Georges ! (*Entre ses dents.*) Jésus-Marie... Tout ce tralala rien que pour un petit mariage !

AURORE

(*Piquée.*) Un petit mariage ? Je vous remercie bien !

LA TANTE

Pauvre petite fille, va ! Je voudrais pas être à ta place. D'autant plus que vous avez pas encore de logement, hein ?

AURORE

On le sait : ça sert à rien de nous renoter ça tout le temps !

LA TANTE

Puis vous en aurez pas non plus, parce qu'ils sont rares pas pour rire ! D'un autre côté, c'est aussi bien de même ; des fois que Thodore serait appelé pour son service. Parce que, d'après moi, il va l'être, ce sera pas long...

AURORE

Écoutez, vous : on a déjà assez d'embêtements, inventez-en pas !

THÉODORE

(*Timide.*) Aurore...

AURORE

Quoi ?

THÉODORE

Je voulais te montrer c'que j'm'ai acheté.

AURORE

Ben, dépêche-toi.

THÉODORE

D'abord je me suis trouvé un chapeau.

AURORE

Gris pâle, j'espère ?

THÉODORE

Oui, à ton goût, comme d'habitude... (*Il sort d'un sac un chapeau gris perle, avec une petite plume plantée dans le ruban.*)

AURORE

Mets-le.

THÉODORE

(*S'exécutant.*) Tiens...

AURORE

(*Froidement.*) O.K. ôte-le au plus vite ! C'est ça, tes souliers de cuir patent neufs ? (*Elle indique ceux qu'il a dans les pieds.*)

THÉODORE

Euh... non.

AURORE

Comment, non ?

THÉODORE

C'est mes souliers bruns que j'ai fait teindre en noir.

139

AURORE

Sainte pinouche ! Ça parle au...

LA MÈRE

Voyons, Aurore, s'ils sont propres...

AURORE

Écoutez, m'man, c'est-y votre mariage ou c'est-y le mien ?

THÉODORE

C'est parce que vois-tu, Aurore, je commence à être serré, là moi.

AURORE

Dis-moi pas que t'as déjà passé à travers ton compte de banque ?

THÉODORE

C'est-à-dire que... je t'avais averti que le set de chambre était pas mal cher. À part ça, y a fallu que je paye le mariage, puis tout le tralala...

AURORE

Parlons-en, du tralala : un mariage de quinze piastres, avec un voyage de noces cachés chez un de tes oncles à Laval-des-rapides, en faisant croire à tout le monde qu'on est allés aux chutes Niagara !

THÉODORE

(*Conciliant à mort.*) C'est pas laid, Laval-des-rapides... Sans compter que ça va te faire du bien, l'air du Nord.

GILBERTE

(*Entrant en coup de vent, avec son manteau, les bras chargés de colis.*) M'man, m'man ! Regardez donc ce que le nettoyage a envoyé à la place de l'habit de p'pa.

Le père paraît à sa suite, sanglé dans un veston gris pâle, genre sportif, dont les manches lui vont à mi-bras.

LA TANTE

(*Le suit, triomphante.*) Le v'là, le bouquet !

AURORE

Mon doux Seigneur, qu'est-ce que c'est ça ?

140

LA MÈRE

Ils se sont trompés ! Mon Dieu, qu'est-ce qu'on va faire, lui qui a rien d'autre de propre à se mettre sur le dos ?

AURORE

Téléphonez, au lieu de rester plantés là : téléphonez chez le nettoyeur ! Quel numéro ?

LA TANTE

Attends un peu... (*Elle le cherche sur le sac du nettoyeur, qu'elle portait.*)

AURORE

(*Lui arrachant le sac des mains, elle lit.*) Marquette 3251. (*Elle court au téléphone et fait le numéro rapidement.*)

LA TANTE

(*Vindicative.*) Tu parles d'une trompe à faire la veille d'un mariage !

LE PÈRE

(*Calme à travers la tempête.*) Énervez-vous donc pas : ils sont peut-être fermés.

LA MÈRE

(*À Aurore qui attend au bout de la ligne, la gorge serrée.*) Ça répond pas ?

LE PÈRE

(*Pendant le silence angoissant.*) C'est l'autre gars qui doit avoir l'air intelligent avec mon coat sur l'dos !

AURORE

(*Raccrochant.*) Eh non, ça répond pas.

LE PÈRE

Qu'est-ce que je vous disais ?

AURORE

Eh sainte misère ! Il fallait que ça arrive, ça, par-dessus le marché. Y avait pas assez de choses qui allaient mal, non ?

LA MÈRE

Qu'est-ce qu'on va faire, mon Dieu, qu'est-ce qu'on va faire ?

LE PÈRE

(*Qui, au milieu de l'énervement général, s'est rendu à l'évier et se verse tranquillement un petit verre.*) On va prendre un p'tit coup ! Tu prends rien certain, Thodore ?

LA TANTE

Va bien falloir qu'il mette son vieux ! (*Elle disparaît vers la coulisse.*)

AURORE

Mais ça se peut pas ! Le voyez-vous, à côté de moi, au beau milieu de l'église, avec son habit de semaine sur le dos ?

LA MÈRE

Je comprends, ma pauvre fille, mais qu'est-ce que tu veux qu'on y fasse ?

AURORE

(*Qui essuie une larme.*) J'ai jamais été aussi malchanceuse de ma vie.

LA TANTE

(*Qui revient avec le vêtement.*) Tiens, le v'là, ton vieux coat !

AURORE

Vous avez besoin de le reniper en pas pour rire, si vous voulez que ça ait du bon sens.

LA TANTE

(*À la mère.*) Sors donc le fer à repasser, Albertine... Puis toi, Gilberte, va me chercher la bouteille de benzine. (*Au père.*) Toi, va ôter tes culottes, que je les presse. Miséricorde ! Presser les culottes d'un homme... il me manquait plus rien que cette épreuve-là aujourd'hui !

AURORE

(*Effondrée sur une chaise.*) Me semblait aussi qu'il arriverait quelque chose pour me faire honte, le jour de mon mariage !

LE PÈRE

Comme tu voudras, ma fille, mais moi, j'ai rien que ça à me mettre sur le dos, puis tu vas avoir encore plus honte si je descends la grande allée tout nu ! (*Il sort.*)

THÉODORE

(*Timidement.*) Aurore...

AURORE

(*Revenant à la réalité.*) T'es encore là, toi ?

THÉODORE

Aurore, pendant qu'on est tout seuls, j'aurais un mot à te dire.

AURORE

Vas-y au plus coupant.

THÉODORE

(*Après avoir avalé sa salive deux fois.*) C'est quelque chose qu'il faut que tu saches, avant qu'on se marie...

AURORE

T'as pas perdu ta job, toujours ?

THÉODORE

Ah ! non...

AURORE

Tu m'as fait peur.

THÉODORE

C'est pas ça. (*Prenant son courage à deux mains.*) Aurore, je me sens obligé de te faire un aveu...

AURORE

Envoye, shoot !

THÉODORE

C'est une affaire qui est arrivée, longtemps avant que je te connaisse.

AURORE

(*Calme, tout en s'épilant un sourcil, un petit miroir à la main.*) Ouais ?

THÉODORE

C'est avec une fille que je travaillais avec. C'est la seule fois que ça m'est arrivé.

AURORE

(*Ricanant.*) La seule fois ?

THÉODORE

Vrai comme t'es là ! Tu me crois pas ?

AURORE

Ah ! je te crois ben dur. C'est pas pour ça que je ris.

THÉODORE

C'est pas allé jusqu'au bout... mais pas loin !

AURORE

Comme de raison !

THÉODORE

J'aurais pas eu la conscience tranquille, si je te l'avais pas dit.

AURORE

Franchement, ça valait pas la peine de t'en vanter.

THÉODORE

(*Soulagé.*) Ah ! bon... Je suis content à mort que tu prennes ça de même. (*L'oeil en coin.*) Toi, de ton côté, t'as rien sur la conscience ?

AURORE

Quoi ?

THÉODORE

J'ai dit : t'as rien sur la conscience ?

AURORE

(*Un temps. Elle le regarde puis, d'une voix froide.*) Écoute, Thodore Robidoux : c'est-y la chicane que tu veux ?

THÉODORE

C'est pas ça, Aurore...

AURORE

Dis-le tout de suite, si tu cherches un prétexte pour casser.

THÉODORE

Choque-toi pas, choque-toi pas : tout ce que je voulais

savoir, c'est si t'as toujours été correcte. Du moment que tu me le certifies, je suis tranquille en masse.

AURORE

Oui, puis écris-le donc quelque part pour pas l'oublier. Puis reviens jamais là-dessus, si tu veux pas recevoir un fer à repasser par la tête !

THÉODORE

(*Conciliant.*) Fais donc pas ta « maline ». Ça t'avient pas. (*Un petit temps.*) Aurore...

AURORE

Quoi, encore ?

THÉODORE

Tu veux pas venir avec moi, une minute tout seuls, dans le salon ?

AURORE

Pourquoi faire ?

THÉODORE

Ben... juste pour...

AURORE

Écoute, Thodore : on se marie demain matin. Si tu penses que j'ai le temps qu'on se regarde dans le blanc des yeux...

THÉODORE

Justement : c'est peut-être la dernière fois qu'on aurait un thrill juste à se prendre les mains.

AURORE

Thodore ! Il commence à être tard, puis je suis pressée : va donc te coucher. Puis oublie pas de prendre ton bain !

THÉODORE

(*Se levant.*) Dis-moi que tu m'aimes avant que je parte.

AURORE

O.K. je t'aime.

THÉODORE

Dis-moi-le mieux que ça.

145

AURORE

(*Au bord de l'hystérie.*) Je t'aime, mon rat blanc, mon chien-chien, ma crotte en or !

THÉODORE

Tu me le disais mieux que ça, l'été passé. Le soir qu'on a décidé de se marier... dans la chenille du parc Belmont.

AURORE

Disons que la chenille du parc Belmont m'avait étourdie plus que d'habitude.

THÉODORE

Je comprends que t'es énervée. Moi aussi, tant qu'à ça.

AURORE

(*Incrédule.*) Toi ? T'es frais comme un concombre.

THÉODORE

En dehors, oui. Mais en dedans du concombre, comme tu dis, ça bouillonne en pas pour rire.

AURORE

Fais-moi pas peur !

THÉODORE

C'est pour ça que j'ai hâte qu'on tombe tous les deux tout seuls à Laval-des-rapides : on va avoir le temps de se détendre les nerfs à notre goût...

AURORE

J'espère !

THÉODORE

En tout cas, Aurore, laisse-moi te dire une dernière affaire, avant de te passer le jonc dans le doigt : t'auras pas de misère avec moi. (*Effrayant comme un ours en peluche.*) D'accord, j'ai l'air ben « tough », des fois... mais, dans le fond, j'suis pas si méchant que ça. Puis ma femme, j'aurai toujours à coeur de la faire vivre comme du monde. À part ça, quand les petits arriveront...

AURORE

(*Le coupant.*) Thodore ! Attends donc encore un peu, avant d'embarquer sur le poulain. O.K ?

146

Deuxième tableau — Tout est consommé

Le même décor qu'au premier tableau. Un peu partout, des tasses vides, des plateaux pleins de verres. La mère, debout devant la table, découpe un gâteau. Au lever du rideau, tous les hommes, sauf Théodore, font cercle devant l'évier, sur lequel trône le flacon de whisky blanc, et chantent « Prendre un petit coup ». Ils ont le rire haut, facile et gras. On entend, venant du salon à droite, des éclats de voix, des rires et une voix de femme qui chante une chanson de circonstance, avec accompagnement approximatif au piano.

LE PÈRE

(Comme les hommes finissent de chanter.) M'sieur Robidoux, encore une petite « shot » ?

ROBIDOUX

(Hésitant.) Bah !

LE PÈRE

Vous buvez pas, donc vous ?

ROBIDOUX

Ah cré morieu ! Vous êtes fort, vous : c'est rien que ça qu'on fait depuis qu'on est revenus de l'église.

LE PÈRE

Amenez donc votre verre. Toryable, c'est pas tous les jours qu'on fait des noces !

ROBIDOUX

En tout cas, c'est un beau petit mariage bien réussi.

LE PÈRE

(La bouteille à la main.) Un petit coup, Esdras ?

ESDRAS

(Acceptant.) Merci. Franchement, je me suis pas amusé de même depuis la veillée aux morts chez le père Michaud.

ALPHONSE

On avait-y ri, c'nuit-là, un peu !

147

LE PÈRE

Le grand Jos Gagnon, pense pas qu'il en avait pas sorti, tout un chapelet d'histoires.

ALPHONSE

Oui, puis des rôdeuses de tough !

ESDRAS

Te souviens-tu de celle des deux jeunes mariés qui avaient perdu leur valise ?

ALPHONSE

Ah ! oui... (*Gros rire gras.*)

ROBIDOUX

Tiens, une histoire de circonstance : contez-nous ça !

ESDRAS

Envoye donc, Alphonse : ils la connaissent pas, eux autres.

ALPHONSE

(*À Robidoux et à l'invité.*) Vous la savez pas, celle-là ? Celle des deux jeunes mariés qui arrivent à l'hôtel, puis qui avaient perdu leur valise en chemin : la savez-vous ?

ROBIDOUX

Non, ça me dit rien.

ALPHONSE

En tout cas, si vous la savez, arrêtez-moi. Comme je viens de le dire, c'était deux jeunes mariés qui arrivent à l'hôtel. Ils avaient perdu leur valise en chemin : plus de jaquette, plus de pyjamas... plus rien en toute ! Ça fait qu'ils vont voir le gérant... (*Entre Gilberte, de gauche, chapeau jeté sur la tête. Elle porte un gallon de crème glacée.*)

ESDRAS

Attention à la petite ! (*Les hommes se rapprochent et continuent l'histoire à mi-voix. Au salon, fin de la chanson et applaudissements.*)

GILBERTE

Tenez, m'man, v'là la crème à la glace : elle m'a l'air d'être gelée ben dur.

LA MÈRE

Je t'avais dit aussi de la rentrer avant de partir pour l'église.

Les hommes partent à rire d'un gros rire large, comme l'histoire finit.

LA TANTE

(*Entrant avec un plateau de tasses vides.*) Voyons, les hommes ! Tâchez de faire un peu moins de tapage : on s'entend pas parler en avant !

ALPHONSE

Regardez donc ma tante, si elle est « busy » !

LE PÈRE

Les mariages, ça la rend folle, folle !

LA TANTE

(*Marmottant.*) Grand pas fin, va !

ROBIDOUX

Puis quand est-ce qu'on va à vos noces, mam'zelle Clara ?

LA TANTE

Pas de si tôt, je vous en réponds !

ESDRAS

Ça vous dirait rien, un beau veuf ?

LA TANTE

Ah, Seigneur ! Il manquerait plus rien que ça ! Pauvre petite Aurore, va ! Quand je pense à elle...

ALPHONSE

Elle a pas l'air si malheureuse que ça !

LA TANTE

D'accord... mais le pire est pas encore arrivé.

LE PÈRE

Laisse donc faire, Clara : peut-être que si t'avais connu le pire, tu serais pas si pire, aujourd'hui ! (*Rires, gras évidemment.*)
Madame Robidoux entre de droite.

ROBIDOUX

Tiens, v'là la belle-mère !

LE PÈRE

Puis, m'ame Robidoux : ça vous fait pas trop de peine d'avoir perdu votre garçon ?

MADAME ROBIDOUX

Un petit peu, on sait ben, mais...

ROBIDOUX

En tout cas, il est tombé sur une bien bonne petite femme !

ESDRAS

M'ame Robidoux, les mariés, où c'est qu'ils sont cachés donc ?

MADAME ROBIDOUX

Ils sont debout côte à côte dans le salon, puis ils ont l'air assez heureux, les chers enfants ! (*À la tante.*) Est-ce que je pourrais vous être utile à quelque chose ?

LA TANTE

(*Qui s'affaire comme jamais.*) Non... y a rien à faire, merci.

MADAME ROBIDOUX

Vous comprenez quand on est pas chez soi, on connaît pas les aires.

AURORE

(*Entrant en robe rose de mariée, avec tous les accessoires. À sa mère.*) Qu'est-ce que vous faites donc vous autres, avec la crème à la glace ? Tout le monde a eu son café depuis un quart d'heure !

ROBIDOUX

Pensez pas qu'elle est pas ragoûtante, la mariée, à matin !

ALPHONSE

Dis donc, la petite soeur, il t'a-t-y entré le jonc dans le bon doigt, toujours ?

AURORE

(*Voulant être aimable, mais légèrement ahurie.*) Ah ! oui : pas de soin.

Théodore entre, tout raide dans son « tuxedo », ses gants gris et ses guêtres.

LE PÈRE

Tiens, puis v'là le marié !

ESDRAS

Il était pas loin derrière, hein ?

ALPHONSE

Oui, mais il sera pas toujours derrière ! (*Rires gras.*)

LE PÈRE

Pensez pas qu'il est pas « swell », le gendre ! Viens prendre un p'tit coup, Thodore !

THÉODORE

Non, merci !

ALPHONSE

Laissez donc faire : les petits coups, il garde ça pour à soir ! (*Rires gras.*)

Théodore est venu se placer derrière Aurore qui, un couteau à la main, aide sa mère à débiter la crème glacée.

MADAME ROBIDOUX

Ils font un petit couple ben assorti, hein ?

ROBIDOUX

Puis regarde-moi ça si elle est un peu là à l'ouvrage !

ALPHONSE

Ouais... Eh ben, si tu veux dire comme moi, Esdras, on va aller voir si nos femmes sont toujours en vie. (*Ils sortent.*)

AURORE

(*Entre ses dents, à Théodore, qui est venu tendrement se coller derrière elle.*) Décolle un peu... Décolle !

LE PÈRE

Encore un petit coup, m'sieur Robidoux ?

ROBIDOUX

Ah ! non, merci : pour moi, là... (*Ils continuent en aparté.*)

AURORE

C'est du vrai ciment, c'te crème à la glace-là !

LA MÈRE

Laisse faire, j'vais continuer : tu vas toute te salir.

THÉODORE

(*Il s'est recollé.*) Es-tu heureuse, Aurore ?

AURORE

Quoi ?

THÉODORE

Es-tu heureuse comme moi ?

AURORE

Ben certain, cette affaire !

THÉODORE

C'est drôle, moi, il me semble que je suis plus le même homme. (*Il risque un petit geste caressant.*)

AURORE

Arrête un peu, prends vent !

THÉODORE

Ben quoi ? C'est correct : on est mariés.

AURORE

Je comprends : t'as le droit... Mais attends au moins le coucher du soleil !

ROBIDOUX

(*Regardant sa montre.*) Ouais... Eh ben ! les enfants, je peux pas vous mettre dehors : je suis pas chez nous. Mais, si votre train est à midi et quart, il serait grand temps de commencer à vous préparer : il est onze heures et cinq.

AURORE

Pas onze heures et cinq ? Arrive, toi, qu'on s'habille !

MADAME ROBIDOUX

Comment... mais ils s'en vont pas déjà ?

LA TANTE

Eh oui ! Pauvres enfants, le fun est fini pour eux autres.

AURORE

(*À la mère, qui éclate en sanglots dans son tablier.*) Ben voyons, m'man : braillez pas !

MADAME ROBIDOUX

Écoutez, m'ame Rochon, vous savez ben qu'elle aura pas de misère avec mon garçon !

LA MÈRE

(*Se mouchant.*) Je le sais, mais...

AURORE

Ayez pas peur : je suis capable de me défendre.

THÉODORE

Craignez pas, elle va être heureuse : je suis sûr de mon coup !

LA MÈRE

En tout cas, fais attention de pas attraper de froid ; abrille-toi comme il faut !

MADAME ROBIDOUX

Toi aussi, fais attention à toi, Thodore. Fais le bon garçon, hein ?

THÉODORE

Oui, maman.

MADAME ROBIDOUX

(*À son fils, un peu en aparté.*) Je voudrais pas me mêler de ce qui me regarde pas, mais écoute-moi bien, mon p'tit gars, pis promets-moi une chose : ôte tout ce que tu voudras, mais garde ton scapulaire !

ET C'EST LE RIDEAU FINAL.

Gratien Gélinas présente sa septième revue

Fridolinons44

**PREMIERE REPRESENTATION
DE**

La Conférence du Rire

AVEC

GRATIEN GELINAS

FRED BARRY	Mme S. ALARIE
ANDRE COURCHESNE	JULIETTE BELIVEAU
ADRIEN LACHANCE	JULIETTE HUOT
CLEMENT LATOUR	GISELE SCHMIDT
ARMAND LEGUET	Mme J.-R. TREMBLAY
JULIEN LIPPE	—et—
HENRI POITRAS	MICHELINE PETOLAS
J.-R. TREMBLAY	de Radio City Music Hall

Danse : ELVIRA GOMEZ
Musique : MAURICE MEERTE
Décors : JACQUES PELLETIER
Costumes : MARIE-LAURE CABANA

Fridolinons 44

Prologue

Si j'étais King !

Distribution

KING 1er	Fridolin
L'HABILLEUSE ROSE	Gisèle Schmidt
L'HABILLEUSE BLEUE	Olivette Thibault
LE VALET	André Courchesne
L'ANNONCEUR	Clément Latour
JOHN BOUBOULE	Fred Barry
L'ONCLE SAM	Henri Poitras
LES COURTISANES	Juliette Huot
	Fanny Tremblay
	Amanda Alarie
	Juliette Béliveau
LES REPORTERS	J.-R. Tremblay
	Julien Lippé
	Juliette Béliveau
LE PHOTOGRAPHE	Adrien Lachance
LA BALLERINE	Micheline Pétolas
LES EXPERTS	Clément Latour
	Julien Lippé
	Adrien Lachance
	J.-R. Tremblay
LE GREFFIER	Armand Leguet
SON ADJOINT	André Courchesne
BONNICHES, HÉRAUTS,	
PAGES ET GARDES DU	
CORPS	Les danseuses

Premier tableau — L'affiche

Après l'ouverture de la revue, l'orchestre attaque un air fantai-siste. Puis le rideau de scène s'entrouvre en forme de drapé et laisse voir une grande pancarte sur laquelle on lit en caractères « fridoli-nesques », sous un écusson représentant Fridolin coiffé d'une couronne :

L'orchestre se tait soudain et un projecteur découvre, dans l'écusson praticable, la tête de Fridolin lui-même qui fait un clin d'oeil au public.

159

FRIDOLIN

Allô ! Ça fait-y votre affaire, ça ?... Alors, O.K., tenez bien vos tuques, on y va !

Le projecteur s'éteint rapidement et le rideau se ferme.

Deuxième tableau — Le lever du roi

Aussitôt le rideau fermé, deux pages, court-vêtus et portant trompette sur la hanche, entrent à l'avant-scène droite et embouchent leur instrument, pendant que retentit à l'orchestre un appel de clairon.

Presque en même temps, de la coulisse gauche, sortent l'habilleuse rose et l'habilleuse bleue. Elles encadrent le valet qui porte ostensiblement un gros réveille-matin sur un plateau. Le trio se dirige vers le centre de la scène, comme le rideau s'ouvre sur le décor.

Dans un cadre gris, un lit royal repose sur des gradins. Dans le lit, King 1er dort, les couvertures ne laissant dépasser que sa tête couronnée. De chaque côté du lit, deux autres pages, portant une lance et non moins court-vêtus, veillent sur le sommeil de King. Les deux habilleuses montent les gradins et s'avancent de chaque côté de la couche royale. Le valet élève son réveille-matin, qui sonne. Les habilleuses rejettent la couverture sur le pied du lit et découvrent King vêtu d'une dormeuse rouge vif et étendu les bras en croix. Il ouvre un oeil et bâille. Harmonie imitative à l'orchestre, qui accompagnera d'une psalmodie les répliques suivantes dites d'un ton récitatif.

LA ROSE

Grand roi, c'est l'heur' de vous lever.

LA BLEUE

Le jour de gloire est arrivé !

KING

(*Qui s'assied dans son lit et s'étire.*) Me lever ? Crotte ! Je veux savoir pourquoi ? Pour qui ? Quel jour de gloire ?

LA ROSE

Mais votre majesté oublie
Que dans une heure, ils s'ront ici !

160

KING

Qui ?... Moi, ça m'fait pas d'différence !

LA ROSE

Mais noble King [1]... la Conférence ! (*Accord sec à l'orchestre.*)

KING

(*Se levant d'un bond dans son lit.*) By Jove ! Ma Conférence de Kébek ! Pas vrai que c'est pour aujourd'hui ? Vite, rentrez-moi ma chemise dans mes royales culottes ! Donnez-moi ma brosse à dents ! Passez-moi le pot à eau ! Mon peigne ! Mon eau de Cologne ! Ma brillantine ! Dépêchez-vous, souffrance ! Faites quelque chose !

Elles vont en vitesse vers les petites consoles de chaque côté du lit et reviennent avec les objets demandés.

LA ROSE

Voilà...

LA BLEUE

Voilà, majesté.

Dès le lever de King, l'orchestre attaque le refrain de la chanson du Roi, sur l'air « Y a une balance ».

KING

(*Chantant.*)
Dépêchons-nous !
Plus vite, plus vite, plus vite !
Habillons-nous !
On r'çoit d'la grand' visite !

Pendant la chanson qui suit, King, aidé des habilleuses, procède à une toilette sommaire. Puis il enlève la dormeuse sous laquelle on le découvre déjà revêtu de tout son costume, sauf de ses souliers qu'il enfilera et du manteau d'hermine qu'il endossera, quand quatre bonniches les lui apporteront.

LA ROSE

(*Chantant.*)
Songez quels visiteurs illustres
Viennent se chauffer à not' soleil !

---

1. Mackenzie King, Premier ministre canadien, hôte de la conférence de Québec, entre Churchill et Roosevelt, du 11 au 24 août 1943.

LA BLEUE

(*Enchaînant.*)
Chez les Gogoths depuis des lustres
On n'a jamais rien vu d'pareil !

LES TROIS

(*Au refrain.*)
Dépêchons-nous !
Plus vite, plus vite, plus vite !
Habillons-nous !
On r'çoit d'la grand' visite !

LA ROSE

Y est question qu'on aura Staline
Avec trente-six mille communistes

LA BLEUE

On verra des rois, des ministres
Tchang Kaï-chek et Charlie Chaplin

KING

Il en viendra d'un peu partout,
Par mer, par terr' et sous les eaux
Gandhi viendra, le Pape itou
Avec soixant'-quinz' cardinaux

LES TROIS

(*Au refrain.*)

LA ROSE

On réglera un' fois pour toutes
La guerr' qu'on fait aux Nazigoths

LA BLEUE

On leur plong'ra dans la choucroute
Leurs gros museaux de saligauds

LES TROIS

(*Au refrain.*)

KING

Dans tous les coins de la boul' ronde
On répét'ra : qu'ils ont d'la chance !
Kébek sera l'nombril du monde
Jusqu'à la prochain' Conférence !

LES TROIS

(*Au refrain.*)

Comme le refrain se termine, on entend au loin le coup de sifflet d'un train.

KING

(*S'affolant.*) Comment ! C'est pas déjà eux qui arrivent ? Notre grand ménage qui est pas fini ! (*Les bonniches sont entrées avec vadrouilles et plumeaux.*) Vite ! Passez un coup de balai... Puis vous, la petite, faites-vous aller le plumeau ! (*Les pages entrent avec des banderoles, des écussons et des drapeaux qu'ils disposent dans le décor.*) Décorez, pavoisez : il faut des drapeaux partout, pour le « flag waving » ! Et faites entrer la cour ! (*Entrent les courtisans : les hommes finissent de mettre leurs gants blancs, les femmes d'ajuster leurs toilettes.*) Qu'on aille chercher les journalistes ! (*Nouveau coup de sifflet, beaucoup plus près.*) Vite, le train s'approche ! (*Disposant les courtisans en rang d'oignons.*)

163

Arrivez, arrivez ! Chaque vache à sa place et les veaux seront bien gardés ! Ma couronne est-elle bien d'aplomb ? (*Entre l'annonceur de radio avec son micro.*) L'annonceur de radio ! Tenez, installez-vous là... Hé, que c'est donc énervant, une Conférence ! (*Il continue à s'affairer, à vérifier la mise en place de la cour.*)

L'ANNONCEUR

(*Qui, au milieu du brouhaha, vérifie son micro.*) Un, deux, trois, quatre, cinq... One, two, three, four, five... Bonjour, mesdames et messieurs. Ici, Radio-Gogoth. Nous avons l'avantage de vous décrire l'arrivée des augustes visiteurs à la grande Conférence ! Jusqu'à présent, aucun haut dignitaire ne s'est montré le bout du nez, mais il ne faut pas encore désespérer... (*Sa tension monte, comme il entend un nouveau coup de sifflet.*) En effet, vous venez d'entendre le sifflet du train lui-même. Le train s'en vient à fond de train. Le train que vous entendez, c'est justement le train du train. Tout le monde est ému, moi aussi... (*Coup de sifflet tout à côté. L'orchestre aussi s'énerve.*) Mesdames et messieurs, voici le train ! C'est un énervement général. Chers auditeurs, nous vous transportons maintenant à la gare Moreau, où le train arrive dans un délire indéchiffrable... heu... indescriptible. (*Le tintamarre de l'orchestre vient couvrir sa voix.*)

Troisième tableau — La cour est pleine !

La scène a tourné de 120 degrés et le décor représente maintenant l'arrière d'un wagon-observatoire sur lequel se tiennent John Bouboule et l'Oncle Sam, qui prodiguent des saluts. Acclamations, hourras de la cour, chacun agitant un petit drapeau. Les deux visiteurs descendent et serrent la main à King 1er, pendant que sortent du wagon quatre gardes du corps en costume simplifié de la Gendarmerie royale et portant les bagages : cannes à pêche, bâtons de golf, boîtes de cigares et chien en laisse.

Les quatre courtisanes ont formé un quatuor et entonnent, à la fois avec piété et enthousiasme : « Le Ciel a visité la terre ! Mon bien-aimé... » Mais King se précipite et les interrompt.

L'ANNONCEUR

Mesdames et messieurs, j'ai bien l'honneur de vous présenter l'Oncle Sam, président des Yankeegoths ! (*Acclamations.*) Monsieur le Président, que pensez-vous de notre beau pays ?

SAM

Gogoths, vous avez un beau et grand pays ! Mais êtes-vous bien sûrs qu'il vous appartient ?

LA COUR

Hourra !

L'ANNONCEUR

Et maintenant, John Bouboule, premier ministre des Anglogoths !

JOHN

(*Après les acclamations.*) Nous sommes ici pour tirer des plans qui sauveront la démocratie, les quatre libertés et les cinq continents !

KING

Très bien ! (*À sa cour.*) Faites comme si vous aviez jamais entendu ça et applaudissez !

LA COUR

Hourra ! Hourra !

KING

(*Qui serre la main aux invités.*) Très bien ! Jamais il s'est dit si peu de choses en si peu de mots pour tant de monde ! (*S'approchant du micro, un long papier à la main.*) Et maintenant permettez-moi de...

L'ANNONCEUR

Pardon, noble King, mais vous n'êtes pas au programme. (*Il sort avec le micro.*)

KING

Bon, bon ! Gênez-vous pas : je suis seulement celui qui reçoit.

Les trois reporters s'avancent, calepins et crayons en main.

PREMIER REPORTER

(*À Sam.*) Monsieur le Président, vous avez sans doute une importante déclaration à faire aux journaux...

DEUXIÈME REPORTER

(*À John.*) Monsieur le Premier Ministre, nos lecteurs seraient sans doute heureux de connaître l'usage que vous faites de la poudre d'escampette dans la fabrication de vos armements...

TROISIÈME REPORTER

(*À John.*) En tant que femme et au nom du Courrier de Colette [2], puis-je savoir si le soldat anglogoth porte le fusil à gauche ou à droite ?

Les deux invités ont écouté les questions avec des gueules de bois. Sur un signe de Sam, trois des gardes du corps viennent se placer entre eux et les reporters et sortent un revolver.

PREMIER REPORTER

(*Reculant.*) Bon, bon, c'est compris !

DEUXIÈME REPORTER

(*De même.*) Excusez-nous si on est venus de si loin rien que pour ça !

TROISIÈME REPORTER

On peut interviewer le chien, j'espère ? (*Elle sort avec le quatrième garde du corps qui porte le chien.*)

---

2. Courrier du coeur du quotidien *La Presse* à l'époque.

JOHN

(*Rappelant les deux premiers reporters.*) Attendez... on n'a pas un maudit mot à dire, mais on voudrait bien se faire photographier en masse, par exemple. (*Rapidement, un photographe se place devant eux avec son appareil.*)

LE PHOTOGRAPHE

Souriez, s'il vous plaît !

King veut se glisser entre John et Sam mais il est rapidement éliminé par un manège voulu des deux autres, qui se prennent par l'épaule. King, ahuri, en est réduit à se mettre à genoux de façon à être vu entre leurs jambes. Éclair. Le photographe sort avec les reporters.

SAM

Ça creuse l'appétit, se faire tirer le portrait !

JOHN

Dites donc, vous mangez jamais au Kébek ?

KING

Manger ?... Certainement ! (*Il frappe dans ses mains.*) La visite a faim : apportez la grande salle de banquet !

Quatrième tableau — Le banquet

La scène tourne et offre le décor de la salle de banquet : longue table ornée de candélabres. Tout le monde sort, sauf King, John et Sam.

167

JOHN

By Jove ! Ça, c'est du service !

KING

Du service, certain ! On n'en fera jamais trop pour vous autres.

JOHN

Hear, hear !

SAM

Mais ils restent pas pour le lunch, eux autres ?

KING

Ils peuvent pas : ils sont sur le shift de nuit à Saint-Paul-l'Ermite [3].

JOHN

Ah bon ! C'est un cas de farce majeure.

KING

Alors à table, gentlemen.

Le trio s'assoit et trois bonniches leur attachent des bavoirs à la façon des enfants.

JOHN

Vous avez des servantes de table qui sont pas piquées des vers !

KING

Certain : pas une seule de piquée des vers... puis toutes triées à la main ! Étant donné que le scotch est rare, c'est ça qu'on emploie maintenant dans les lunchs d'affaires pour réchauffer les hommes.

SAM

Pas bête !

KING

À propos, avez-vous vos coupons ?

JOHN

Des coupons ? (*Ils sortent, ahuris, les carnets de leurs poches.*)

SAM

Tu parles d'une achalanterie !

---

3. Une importante usine de munitions était située dans ce village (maintenant appelé Le Gardeur) du comté de l'Assomption.

KING

(*Examinant les carnets.*) Ben quoi ! Gueulez pas contre le rationnement : faut bien faire quelque chose pour encourager l'industrie naissante du marché noir. (*À Sam.*) Pardon, votre numéro 23, il est périmé.

SAM

Bah ! Qu'est-ce que ça fait, ça ?

KING

Tut, tut ! S'il fallait que la « Gazette » apprenne ça, même *vous autres* vous passeriez pour des « Cinquième colonne » ! (*Les bonniches servent un apéritif.*) Permettez-moi pour commencer de vous offrir un cocktail au sirop d'érable.

JOHN

T'as rien de plus fort que ça ?

KING

Dites donc, si on en profitait pour porter un toast avant de manger ?

SAM

Plein de bon sens !

KING

Qui est-ce qui va s'en charger ?

JOHN

Ah... (*Il regarde autour de lui.*) Il n'y a personne qui nous voit : tu peux bien le porter.

KING

À notre petit ami Joseph 1er, empereur des communistes, homme sincère s'il en fut un, qui a commencé la guerre contre nous autres, mais qui a reviré son canon de bord uniquement pour sauver la démocratie !

LES AUTRES

Hear ! Hear ! (*Ils boivent.*)

JOHN

Dis donc, King, t'as pas de « vaudeville » à nous offrir, pendant le lunch ?

KING

Oui, j'ai quelque chose de bien : une petite Montréalaise que j'ai fait revenir du Radio City Music Hall spécialement en votre honneur. (*Il frappe dans ses mains.*) Le divertissement, s'il vous plaît !

Orchestre. Les lumières baissent sur le décor et un projecteur suit la ballerine qui traverse la scène dans une brève danse sur pointes.

SAM

(*Comme l'éclairage remonte après son départ.*) C'est beau, mais c'est court !

KING

Rassurez-vous : vous la reverrez tantôt.

JOHN

T'as pas son numéro de téléphone, par hasard ?

KING

Non, pas d'affaires semblables. C'est une Conférencc sérieuse, pas un congrès de Chevaliers de Colomb ! (*Il frappe de nouveau dans ses mains.*) Maintenant, apportez le gâteau ! (*Des bonniches l'apportent.*) Tenez, on va se partager ça.

SAM

C'est ça, séparons-nous le gâteau !

JOHN

Amène le couteau.

SAM

Non, c'est moi qui le coupe.

JOHN

Prends bien garde de t'en prendre plus que moi, toi. (*Ils ont tous les deux la main sur le couteau et essayent de le faire dévier de façon à avoir la plus grosse moitié du gâteau qu'ils divisent en deux. John s'emparant de sa moitié.*) «What we have we hold ! »

SAM

(*Prenant l'autre.*) «The biggest in the world ! »

KING

(*Avançant la main pour se servir, lui aussi.*) « Je me souviens ! » Comment, mais... vous me laissez rien ?

JOHN

Rien ? Ça me surprendrait... Il doit pourtant rester des miettes.

KING

Ah bon : à moi les graines ! Seulement, vous vous rendez compte que c'est mon gâteau ?

SAM

Écoute, King : pour te montrer qu'on n'est pas des cochons, on va te donner encore des contrats de guerre.

KING

Ah... c'est trop de bonté !

JOHN

(*Sortant une pile de contrats de sa poche.*) Tiens : en v'là un tas, et quand il y en aura plus, il y en aura encore !

KING

Mais écoutez : on voudrait pas ambitionner sur le pain bénit ! Vous en avez gardé pour vous autres, toujours ?

JOHN

Ah ! oui : crains pas. On en fait un peu, nous autres aussi, autant qu'on peut en faire sans nuire à notre industrie civile.

KING

Qu'est-ce que c'est que ça, l'industrie civile ?

SAM

Les produits du commerce ordinaire...

KING

Le « business as usual » ?

JOHN

Les marchés d'après-guerre, quoi !

KING

Oui, oui : vous voulez dire que vous fabriquez des affaires de guerre en autant que ça vous dérange pas trop pour...

JOHN

... pour être prêts à recommencer à vendre partout tout de suite après l'armistice !

SAM

Oui, parce que le premier rendu sera le premier qui vendra, pas vrai ?

KING

(*Songeur.*) Oui, oui... Pendant ce temps-là, nous autres, on sera encore là, en arrière, en train de démancher nos manufactures de guerre, puis de s'exercer à faire autre chose ?

SAM

Of course !

JOHN

Exactly !

KING

Savez-vous que... vous êtes pas bêtes, les Anglogoths... Vous avez toujours été d'affaires, vous autres.

JOHN

C'te affaire !

SAM

Tu t'en es jamais rendu compte ?

KING

À force de vous voir agir, on devrait pourtant commencer à se raffiner, de notre côté.

SAM

Fais jamais ça !

JOHN

On est assez de deux à se chicaner pour les marchés d'après-guerre.

173

SAM

(*À John.*) C'est toi qui as commencé, aussi !

JOHN

Sam, fais pas ton frais, si tu veux pas te faire péter le...

KING

(*Les séparant comme ils vont en venir aux coups.*) Voyons, voyons ! Calmez-vous : s'il fallait que ça se sache dans le public.

JOHN

Cry, c'est vrai : sauvons la face !

KING

Mais... maintenant qu'on a mangé, il faudrait bien penser à travailler.

SAM

King, t'as raison : sortons nos lignes à pêche puis nos hameçons ! (*Ils sautent sur leurs cannes à pêche et préparent leurs agrès.*)

KING

Non : je veux parler de la Conférence.

JOHN

(*Perdu dans ses hameçons.*) Conférence... ?

SAM

Quelle conférence ?

KING

La Conférence de Kébek... ma Conférence.

JOHN

Bah ! Ça presse pas ! Dis donc, j'espère qu'il y a un peu de truites saumonées par ici ?

KING

Oui, mais...

SAM

(*À John.*) Regarde le beau méné que je me suis acheté pour l'achigan.

KING

Mais la guerre, l'après-guerre... ma Conférence...

JOHN

(*À Sam.*) Il est-y achalant, lui, avec sa maudite Conférence !

KING

(*Insistant.*) On a tout le sort du monde à régler...

JOHN

(*Occupé à ses agrès de pêche.*) Bah ! c'est tout réglé d'avance, ça !

KING

(*Confidentiellement.*) Écoutez : entre amis, là, moi, j'ai des élections qui s'en viennent, et puis je compte là-dessus bien gros pour ma publicité. Faites-moi pas un coup semblable !

JOHN

Ah... si t'as des élections qui s'en viennent, c'est une autre paire de manches.

SAM

Mais fais ça vite, par exemple ! Parce que le soleil baisse puis ça sera pas long que ça vaudra pas de la crotte pour la truite.

KING

(*Frappant dans ses mains.*) Que les experts s'amènent pour la grande Conférence ! (*Entrent les experts, portant moustaches, monocles et serviettes. Entre eux, le greffier, un parchemin sous le bras. Le groupe est flanqué de deux gardes du corps. Pendant ce temps, les bonniches ont rapidement desservi la table du banquet.*) Messieurs les experts, fermez les portes, amenez la table : on commence les discussions. Et oubliez pas de mettre tout le monde à la porte du Château ! (*Les experts avancent jusqu'au bord des gradins la table ainsi que le banc qui est derrière, tandis que deux bonniches et le greffier apportent de la coulisse une petite table et un fauteuil, qu'ils placent devant la grande table au bas des marches.*) Alors, on se crache dans les mains et on rédige la Charte !

JOHN

Quelle charte ?

KING

Écoutez, il y a eu la Charte de l'Atlantique, à une autre conférence... Il faudrait bien qu'on ait notre charte, nous autres aussi. Nous, la Conférence de Kébek !

SAM

Bah !

JOHN

Écoute, King, faudrait pas t'enfler la tête.

KING

Ben quoi ! On est-y le nombril du monde, ou ben donc on l'est-y pas ?

SAM

Évidemment, la propagande vous l'a dit... mais...

JOHN

Envoyons donc fort, Sam : une charte de plus ou de moins, qu'est-ce que ça peut faire ? (*King, Sam, John et les*

176

quatre experts s'installent derrière la grande table. Le greffier est à la petite table et les deux gardes du corps complètent le groupe. S'adressant à King.) Dis donc, y aurait pas moyen de prendre un verre de bière, tout en jasant ?

PREMIER EXPERT

(*Se levant, raide et définitif.*) Pas de bière après sept heures trente ! (*Il se rassoit.*)

SAM

Dans ce cas-là, amenez-moi un Pepsi !

DEUXIÈME EXPERT

(*Même jeu que plus haut.*) Pas de Pepsi avant neuf heures !

JOHN

Torbrûle ! Il doit y avoir moyen d'avoir un verre d'eau, toujours ?

TROISIÈME EXPERT

(*Même jeu.*) De l'eau ? Rien qu'après minuit !

LE GREFFIER

Cependant, vous avez droit de faire pipi toute la journée !

SAM

Ben tu parles d'un tas de lois bêtes.

KING

C'est rien ça : il paraît que, pour économiser le tissu, on va en avoir une sur les pantalons avec rien qu'une jambe ! Ben, alors on y va pour la Charte ?

SAM

Mais faudrait bien lui trouver un nom, à cette charte-là.

KING

Si vous voulez, en souvenir de sa grande sœur, la Charte de l'Atlantique, on va l'appeler, celle-là, la Charte du lac Croche.

SAM

Adopté !

KING

Dans cette charte-là, faudrait bien qu'il soit question de nos libertés, après la guerre !

JOHN

C'est correct. Mettons quatre libertés.

KING

On pourrait peut-être en essayer cinq, pour faire un changement ?

SAM

Hé, pousse pas, là, toi !

JOHN

Non : quatre, c'est en masse.

KING

Préféreriez-vous qu'on en mette rien qu'une : la Liberté tout court, avec un grand L ? (*Tous se lèvent et écrasent Fridolin d'un regard indigné.*)

SAM

Es-tu fou ?

178

JOHN

Écoute, King : as-tu envie de passer pour un « Bloc populaire [4] » ?

KING

O.K., O.K. ! Parlons-en plus. (*Tous se rassoient.*)

QUATRIÈME EXPERT

(*Qui est resté debout, digne.*) Je propose la liberté d'habitation. (*Il reprend son siège.*)

PREMIER EXPERT

(*Se levant.*) J'appuie la proposition. (*Il se rassoit.*)

KING

La liberté d'habitation... qu'est-ce que ça veut dire, ça ?

SAM

Ça veut dire que t'as le droit d'aller rester où tu veux.

KING

C'est plein de bon sens : les étrangers auront le droit de venir rester par ici et nous autres, on sera libres de sacrer le camp au diable vert. Adoptée. Suivante !

DEUXIÈME EXPERT

(*Se levant.*) Je suggère la liberté de religion.

TROISIÈME EXPERT

J'appuie.

JOHN

La liberté de religion, c'est une bonne affaire, ça.

KING

Certain ! Moi, j'ai toujours dit qu'il n'y avait pas assez de synagogues par chez nous. Parce que oublions pas que, dans cette guerre-ci, on se bat pour la religion, même si le Pape a pas eu grand-chose à dire dans toute l'affaire.

SAM

La liberté de religion est adoptée.

QUATRIÈME EXPERT

Je propose la liberté de parole.

---

4. Allusion au programme socio-économique relativement avancé de ce parti nationaliste, né en 1942 de la Ligue pour la défense du Canada (sous-entendu : avant l'Angleterre).

JOHN

(*Hésitant.*) La liberté de parole...

SAM

(*De même.*) C'est délicat, ça.

JOHN

Oui : faudrait pas que ça soit pris trop mot à mot.

KING

Disons que ça donnera le droit à tout le monde de parler sur le réseau de Radio-État...

SAM

...À condition, bien entendu, de dire comme le Gouvernement !

JOHN

Carried !

SAM

Next !

PREMIER EXPERT

Freedom from fear !

KING

La « fear », ça veut dire la peur... C'est ça, John ?

JOHN

Oui : ça signifie, en français, que t'es libre d'avoir peur de rien.

KING

Ça a du bon sens, ça. Greffier, écrivez qu'après la guerre, les femmes seront libres de plus avoir peur des souris...

SAM

...les enfants à la maison seront libres de se foutre du bonhomme...

JOHN

...les députés cesseront de trembler devant leurs électeurs...

SAM

...et les voleurs enverront la police au diable !

KING

Hé ! Ça va marcher sur des roulettes, après la guerre.

JOHN

Je l'ai toujours dit.

KING

(*Au greffier.*) Combien ça fait de libertés, ça, greffier ?

LE GREFFIER

Jetez-en plus : la charte est pleine ! (*Tout le monde se lève et se dégage de la table, que les experts remontent, pendant que le greffier et les deux gardes du corps sortent vers la coulisse la petite table et son fauteuil.*)

KING

Et maintenant, messieurs, vous êtes libres de passer au Parlement, pour la grande déclaration officielle. Mais, si vous voulez pas profiter de cette liberté, laissez faire : le Parlement va se donner la peine de venir jusqu'à vous ! (*Il frappe dans ses mains.*)

Cinquième tableau — Le Parlement

Sonnerie de trompette à l'orchestre. La scène tourne pour offrir le décor du Parlement. Toute la troupe entre par les côtés et se place sur les gradins. Les deux invités montent avec King et s'assoient sur le trône, qui occupe le centre de la scène.

KING

Honorables sénateurs et sénatrices, ministres et ministresses, députés et députesses, populace ! Permettez-moi de vous dire en quelques mots bien sentis ce que nous venons de...

JOHN

(*Se levant et tirant King vers l'arrière.*) Laisse faire...

181

SAM

(*Même jeu que John.*)... On s'en charge ! (*L'orchestre scandera le récitatif suivant.*) Gogoths ! Nous sommes encore tout étourdis...

JOHN

De l'effort que nous avons fourni.

SAM

Les décisions que nous avons prises...

JOHN

Sont des secrets et seront des surprises !

TOUS

Hear ! Hear !

SAM
Gogoths, encore un petit effort !

JOHN
Gogoths, encore un gros effort !

TOUS
Hear ! Hear ! Hear ! Hear !

SAM
Et les Nazigoths s'ront écrapoutis...

KING
(*Se glissant entre les deux.*) Et blah blah blah ! Et blah blah blah !

JOHN
...Dans le triomphe de la démocratie !

KING
(*Même jeu.*) Et bluff bluff bluff ! Et bluff bluff bluff !

SAM
Quant à nous, soyez assurés...

JOHN

Et soyez persuadés...

SAM

Que pour sauver l'humanité...

JOHN

Et conserver nos libertés...

SAM

Nous lutterons...

JOHN

Nous lutterons...

KING

(*Entre les deux.*) Jusqu'au coton ! (*Accord final à l'orchestre.*)

TOUS

Hourra ! (*Acclamations au milieu des drapeaux agités.*)

SAM

Sténographes ! Où sont les sténographes officiels ?

LE GREFFIER

(*Accourant.*) Voilà. (*Le greffier porte la déclaration à signer, l'adjoint, un gros encrier dans lequel trempe une longue plume d'oie.*)

SAM

Vous avez pris notre déclaration en note pour les journaux ?

LE GREFFIER

Oui, je l'ai même traduite en anglais, pour que les journaux français soient obligés de la retraduire.

JOHN

Parfait ! Arrivez qu'on signe ça !

KING

Oui, arrivez qu'on signe ! (*Il va pour saisir la plume, mais John prend l'encrier et le lui plante dans les mains. John signe le parchemin. Il passe ensuite la plume à Sam, qui signe à son tour. King, empêtré avec l'encrier, le dépose à terre pour signer à son tour, mais scribes et parchemin sont déjà disparus.*)

SAM

Bon ! Discours, déclaration, tout est fini !

KING

Hé, hé ! Vous trouvez pas que j'ai pas eu grand-chose à dire, moi, dans tout ça ?

JOHN

Chut, chut, King : du décorum !

KING

Écoutez un peu : moi, ça fait trois mois que je prépare mon discours...

SAM

(*À John.*) Laissons-le donc faire...

JOHN

Ben oui : après tout, c'est lui qui paye !

KING

Merci, vous êtes bien aimables ! (*Il s'éclaircit la voix.*) Courtisans et courtisanes... Gogoths et Gogothes ! The Conferencia of Kebek is open for business... la Conférence qui vous couvre de gloire est ouverte ! Déjà de graves décisions, des décisions capitales, s'accumulent, dans les paniers à papier du Château ! Ces décisions, je vous le répète, sont graves ! Car plus vite nous gagnerons la guerre, plus vite nous obtiendrons la paix ! Et plus vite nous obtiendrons la paix, plus vite nous serons prêts pour la prochaine guerre ! Augustes invités, permettez-moi de vous serrer sur le coeur de mon peuple, we press you on our popular heart ! Ah, quand il s'agit d'aller à votre aide, nous savons oublier nos querelles fratricides ! Quand il s'agit de voler à votre secours, nous faisons l'unité : il n'y a plus alors chez nous de Gogoths anglais ou de Gogoths français, il n'y a plus que des Gogoths ! Nous ne faisons plus qu'un seul, un gigantesque, un formidable Gogoth ! Et laissez-moi vous dire qu'en dépit des articles du *Life*, nous tenons farouchement à demeurer Gogoths. Et c'est en continuant d'être vos alliés que nous sommes assurés de rester toujours et intrinsèquement Gogoths ! Oui, luttons pour la défense de notre drapeau...

(*John lui parle à l'oreille.*) C'est vrai : merci, John ! (*Au public.*) Excusez-moi : il paraît qu'on n'a pas de drapeau. Luttons alors pour notre unité nationale ! (*Sam lui parle encore à l'oreille.*) Ça non plus ? Mais... qu'est-ce qu'on a, souffrance ? En tout cas, luttons ! Luttons toujours : pour quoi, on verra après !

TOUS

Hourra !

KING

Attendez : j'ai pas fini. Illustres invités, il me reste à vous dire que nous allons prolonger cette belle Conférence en vous présentant maintenant un grand « floor-show » de deux heures et demie...

TOUS

Hourra ! Hourra !

KING

Mais auparavant, nous allons observer un dernier moment de recueillement et nous allons chanter pieusement l'hymne national des Gogoths !

L'orchestre attaque une introduction spéciale, ressemblant vague-ment au « God save the King », de « Il vaut mieux fridoliner », que tout le monde chante avec entrain.

Sixième tableau — Les belles « gavotteuses »

À la reprise du refrain, les danseuses descendent à l'avant-scène, le rideau se fermant derrière elles sur le reste de la distribution... Et c'est la danse des belles « gavotteuses » d'Elvira Gomez.

Septième tableau — Entre vous et moi*

Fridolin vient s'asseoir face au public sur la boîte du souffleur.

FRIDOLIN

Allô ! Comment ça va, chères amours de ma vie de théâtre ? Bien sûr, ça inclut les hommes également. Eh bien ! nous v'là encore face à face, pour la septième année consécutive. Sept, c'est un chiffre chanceux, paraît. J'espère que ça signifiera du bonheur pour toutes vos belles paroisses. D'autant plus que vous en avez besoin, de bonheur. Je sais que vous passez par une période sombre où tout est noir et plutôt déprimant sur les bords. Mais non : découragez-vous pas ! Les beaux jours vont revenir, car ils vont finir par le finir, votre souffrance d'égoût-collecteur ! D'accord, il va flâner trois ou quatre ans dans la rue Sainte-Marie-de-l'Incarnation. Mais ensuite il va prendre le mors aux dents et il y aura plus moyen de l'arrêter ! Chose certaine, c'est que, entre temps, il perd pas son temps, votre égoût-collecteur : il « collecte » de l'argent en masse !

Si ça peut vous faire plaisir, laissez-moi vous dire que nous sommes tous bien contents de vous revoir, ma bande puis moi. Eh oui, nous v'là encore en visite chez vous ! Ça commence à être gênant : c'est toujours à notre tour de venir à Québec. Tandis que, vous autres, vous venez jamais nous voir à Montréal. On a beau pas compter les fois, il faudrait égaliser ça... et que vous veniez passer une fin de semaine chez nous avec vos enfants.

---

* À ce texte, essentiellement fait pour les représentations à Montréal, s'ajoutent certaines allusions à l'actualité de la ville de Québec.

En attendant, parlez-moi donc de vous autres ! Votre « Jardin de la Victoire » a-t-il poussé un peu ? Nous, on a réussi à faire pousser une vraie belle tomate ! Pour les impôts, pas de soin par exemple : on a eu une grosse récolte. Ah ! oui : ils te donnent un boni de vie chère de $2.28, mais ils te flanquent une taxe de $3.00 pour balancer ! Avec un système semblable, c'est pas tout le monde qui a les moyens d'accepter une augmentation. Vive le bon vieux Secours direct [5] ! Ça au moins c'était clair.

A part ça, depuis qu'on s'est vus la dernière fois, on a eu l'éducation obligatoire, comme dirait Jean Bruchési [6]. J'espère que ça aura pour effet de relever notre niveau intellectuel collectif, sans oublier celui de notre chère députation !

Et puis... pensez-vous que la Commission des liqueurs a eu des queues encourageantes cette année ! Je sais pas comment ça s'est passé ici, mais, à Montréal, j'ai vu des jours où les queues se touchaient d'une Commission à l'autre, bord en bord de la ville ! Y a pas à dire, c'est un beau commerce qu'ils ont entre les mains ! Seulement ç'a l'air de tellement les forcer de nous offrir un coup que, pour nous autres, ça devient embêtant d'accepter, vous trouvez pas ? Évidemment, avec deux piastres de tip, y a toujours moyen d'avoir un quarante-onces de gros gin. Puis, quand tu connais la femme du gérant, il est pas impossible que tu décroches un scotch !

De mon côté, y a pas grand-chose de neuf. Juste l'affaire de ma tante Léontine. Vous avez su ça ? Elle a eu un choc nerveux le soir de Noël, si vous croyez pas. Eh oui ! elle a téléphoné pour un taxi : il en est arrivé un !

Autre nouvelle : notre belle métropole a assisté à l'électrocution de la Montreal Light Heat and Power [7]. En fin de compte, ça aura été une bonne affaire. Parce que, entre nous, cette compagnie-là nous volait comme en plein bois. Un

---

5. Sorte d'assistance sociale, sous forme de charité, distribuée aux chômeurs et indigents durant la Crise des années trente.
6. Historien amateur, voyageur, diplomate, qui fut longtemps sous-secrétaire de la Province de Québec, c'est-à-dire sous-ministre.
7. La nationalisation de la Montreal Light Heat et Power, en 1944, marque la fondation de l'Hydro-Québec.

souffrance de bon truc : un fil électrique double. Ce qui fait que le courant arrivait dans un brin, passait dans la lampe puis retournait par l'autre brin jusqu'à la Montreal Light Heat, qui nous faisait payer comme si on l'avait gardé, ce courant-là !

Maintenant, pour continuer ce dialogue intime et cordial, je voudrais vous dire de pas vous étonner si vous trouvez dans ma revue certaines petites remarques qui ont pas l'air d'avoir été faites sur mesure pour la propagande officielle du Gouvernement. Ces choses-là, ma bande et moi on va les proférer à haute et intelligible voix. Pas seulement parce qu'on les estime proférables, mais encore et surtout pour faire la preuve par neuf qu'on est encore en démocratie. Oui... parce que, comme c'est là, on peut plus travailler là où on veut.. on peut plus manger ce qu'on veut... on peut plus

189

s'habiller comme on veut... Ce qui fait que la liberté de parole, c'est à peu près tout ce qui nous reste de différence entre ce qu'on se bat pour pas être et ce qu'on est en réalité.

Autre remarque : vous allez peut-être trouver qu'il y a des partis politiques qui recevront plus de pichenettes sur le museau que d'autres. Mais, mon principe à moi, c'est de m'attaquer seulement aux forts et aux puissants. Même chose pour les politiciens : c'est pas n'importe qui qui est assez connu pour faire parler de lui dans une revue !

Pour terminer, j'aurai un mot de sympathie à votre endroit, chers amis de Québec. Il paraît que vous avez eu de la misère avec votre saucisse cette année ? Pauvres chers vous autres ! J'ai bien pensé à votre problème. C'est un peu de votre faute, aussi. Car on surveille jamais trop sa saucisse. On se méfie pas de ça : c'est beau, c'est rose, ça sent bon... et puis, quel temps qu'il fait, en dedans c'est de la cochonnerie ! En tout cas, vous avez bien fait de la faire inspecter... Puis faites-la examiner souvent : il nous faut une saucisse saine, si nous voulons être une nation saine ! Et insistez pour que votre boucher se lave toujours les mains avant de la manipuler.

Parlant de viande, vous avez su qu'ils ont aboli les mardis comme jours maigres ? Pensez pas qu'ils sont pas bons pour nous : ils vont nous permettre de manger les trois cents tonnes de viande qui ont pourri au Canada dans les entrepôts du Gouvernement ! (*Il sort.*)

La grève des ménagères

Distribution

Les grévistes :

MESDAMES...

LACASSE, l'éternelle cliente   Juliette Béliveau
PLOUFFE, la femme du peuple   Amanda Alarie
LIBOIRON, la femme au rouleau   Juliette Huot
    à pâte
BRIND'AMOUR, la nouvelle mariée   Gisèle Schmidt
LA FRAMBOISE, la femme de la
    haute   Fanny Tremblay
L'HEUREUX, la petite femme du
    soldat   Olivette Thibault
et ROSAIRE SAINT-AMANT, celui
    dont la femme porte les culottes   Henri Poitras

Les contre-grévistes :

NATHALIE, la bonne   Olivette Thibault
LE PREMIER ANNONCEUR   Clément Latour
LE DEUXIÈME ANNONCEUR   Adrien Lachance
LE DÉLÉGUÉ   Julien Lippé
LE BOUCHER BOUCHÉ   Armand Leguet
L'AMBASSADEUR DES MARIS   Fred Barry
L'ENVOYÉ SPÉCIAL   J.-R. Tremblay

Premier tableau

Le premier rideau s'ouvre sur le deuxième, qui est fermé, et devant lequel on découvre, à l'extrême gauche, un petit décor que le projecteur éclaire aussitôt qu'il apparaît : comptoir de boucher, avec, en arrière-plan, suggestion de coutelas et saucissons suspendus. Le boucher est debout derrière le comptoir, madame Lacasse lui faisant face, assise sur un tabouret.

MADAME LACASSE

(L'air suppliant et déjà résigné de la cliente qui a l'habitude de se faire refuser.) Comme ça, vous voulez pas me les donner, mes deux livres de filet de boeuf ?

LE BOUCHER

(Fendant.) J'en ai pas, ma chère dame, je vous l'ai déjà dit : vous êtes pas sourde, toryeu !

MADAME LACASSE

Non, je suis pas sourde. Mais vous, vous êtes pas mal moins poli qu'avant la guerre.

LE BOUCHER

Faut me prendre tel quel ! Puis les clientes qui aimeront pas mes manières...

MADAME LACASSE

Ah ! je le sais : vous êtes indépendant puis vous ambitionnez. N'empêche que, si j'avais les moyens de vous glisser cinquante cennes de tip dans la main, vous me les vendriez bien, vos deux livres de taureau mort tout seul puis acheté sur le marché noir.

LE BOUCHER

Quoi ? Faut ben profiter de la guerre ! Puis comptez-vous donc chanceuse qu'on se mette pas en grève, nous autres les bouchers, pour forcer le Gouvernement à remonter les prix de la viande !

MADAME LACASSE

Oui... Puis avez-vous déjà pensé à ce qui arriverait si on se mettait en grève, de notre côté ?

LE BOUCHER

Qui ça, de votre côté ?

MADAME LACASSE

Les mères de famille, les ménagères ! On n'a jamais eu d'augmentation de salaire depuis que le monde est monde... Puis on se fait rôtir le ventre à ras le poêle du petit matin jusqu'à minuit : on en demande-t-y des semaines plus courtes, nous autres ? Pensez pas qu'on n'en a pas plein le dos puis tout le reste, des fois, de préparer onze cents repas par année avec les outils puis la mangeaille qu'on a dans les mains ! Sans compter que le Gouvernement arrête pas de nous pousser des pointes parce qu'on reste à la maison à torcher les petits, au lieu d'aller « welder [1] » à la shop.

LE BOUCHER

(Ricanant.) Une grève des ménagères ? Elle est bonne !

MADAME LACASSE

Oui, vous riez... parce que vous savez bien qu'on n'est pas assez fines pour la faire, puis que ça arrivera pas... (Rê-

1. De l'anglais *to weld* : souder.

194

veuse.) N'empêche que si, un beau jour, on en déclenchait une dans toute la Province, ça ferait laid en pas pour rire, quand on laisserait tomber nos chaudrons toutes ensemble. Vous avez jamais pensé à ça ? (*Le rideau se ferme lentement jusqu'à ce qu'il couvre entièrement le petit décor, pendant que la voix continue.*) Vous croyez pas que ça ferait avoir l'air bête à bien du monde ?

Le projecteur s'éteint à gauche et se rallume aussitôt à droite. À l'orchestre, accord orageux donnant l'impression d'une multitude de casseroles qu'on laisserait tomber.

Deuxième tableau

Le premier rideau s'est ouvert complètement, découvrant à droite l'annonceur de radio, assis devant une table et un micro et qui débite nerveusement sa nouvelle.

L'ANNONCEUR
Chers auditeurs, nous interrompons ce programme pour vous communiquer un bulletin spécial de la Presse canadienne : une menace terrible plane en ce moment sur la population. En effet le Gouvernement a abandonné tout espoir d'enrayer une grève générale des ménagères de tout le Québec, grève qui serait la première du genre dans l'histoire mondiale et qui, en plus de désorganiser complètement un demi-million de foyers, serait un désastre pour notre vie économique et sociale. (*Le rideau se fermera lentement sur lui.*) Au moment même où nous vous lisons ces lignes, la grève se propagerait déjà avec une rapidité foudroyante.. (*Sa voix s'efface, comme le projecteur s'éteint.*)

Troisième tableau

Le premier rideau s'est fermé juste assez pour couvrir le commentateur. Simultanément, le deuxième s'est ouvert sur un décor d'environ

195

sept pieds d'ouverture monté sur une scène tournante et encadré de deux panneaux verticaux. À l'orchestre, brève sonnerie de trompette : « Aux armes, citoyens ».

SCÈNE 1

Décor : petit boudoir pauvre, avec table et fleurs de papier.

MADAME LACASSE
(Qui, son chapeau sur le coin de la tête et son tablier à la main, gueule, énervée et tragique, dans un téléphone de table ordinaire.) Allô ! Citoyenne Liboiron ?... Ça y est ! Lâchez votre barda : on entre en grève pas plus tard que tout de suite ! Passez la nouvelle à votre voisine, puis votre voisine à la sienne, puis ainsi de suite jusqu'au fond du Lac Saint-Jean... (Sa voix se perd comme la scène tourne.)

SCÈNE 2

Petit décor de cuisine : table avec plats, sac de farine, tamis, enfin tout le nécessaire à faire des tartes. Téléphone au mur.

MADAME LIBOIRON
(Au téléphone, son rouleau à pâte à la main.) C'est tel que j'vous l'dis, m'ame Plouffe. Ôtez votre tablier puis sortez votre rouleau à pâte, vous aussi : on « strike » ! Rassemblement du Comité sur la place du Marché puis on fonce dans le tas !

SCÈNE 3

La scène a tourné : cuisine avec cuvette et laveuse. Téléphone au mur.

MADAME PLOUFFE
(Tout en s'essuyant les mains sur son tablier.) Bon... bon... Certain ! J'vas juste finir ma brassée de couleurs puis j'vas embarquer avec vous autres... Quoi ?... Vous m'dites pas qu'on va vider le Parlement ?... Eh ben ! j'lâche tout ça tout de suite : ça fait assez longtemps que je suis pas allée à un bal à l'huile !

SCÈNE 4

Petit salon de nouveaux mariés. Téléphone français.

MADAME BRIND'AMOUR
(*En costume de voyage, une mallette à la main.*) Vous êtes sûre que ça ne peut pas attendre à demain ?... Et il m'est impossible d'emmener mon mari, n'est-ce pas ?... Bon, bon : je comprends... Non, je pars tout de suite. Seulement, voyez-vous, ça me chiffonne un peu de quitter... la maison, étant donné que j'arrive justement de mon voyage de noces.

SCÈNE 5

Un coin de la chambre, style parvenu, de madame La Framboise : table de toilette et téléphone français sur un guéridon à gauche.

LA BONNE
(*Répondant.*) Chez madame de la Framboise !... Framboise avec un grand F, n'est-ce pas ?... Un instant, je vous supplie... (*Elle passe le téléphone à sa patronne.*)

MADAME LA FRAMBOISE
(*Très parvenue.*) Allô !... Oui, ici madame de la Framboise d'Outremont... Non ? Attaboy ! Heu... je veux dire :

197

chouette alors ! Je serai pas obligée d'aller au concert symphonique à soir ! (*Le rideau se ferme.*)

Quatrième tableau

MADAME LACASSE
(*Paraît à l'avant-scène gauche, en ajustant son chapeau. Elle brandit une pancarte au bout d'un bâton et fait signe aux autres qui déboucheront tour à tour de la coulisse en finissant de s'habiller.*) Arrivez ! Arrivez au plus coupant !

MADAME LIBOIRON
(*Entrant, son rouleau à pâte d'une main, une pancarte de l'autre.*) Bonjour, m'ame Lacasse : j'ai apporté mon rouleau à pâte... puis ça va fesser dur !

MADAME LACASSE
Oui, mais pas d'excès, m'ame Liboiron : on est des grévistes civilisées, nous autres ! (*Madame Plouffe entre avec une cuvette à la main.*) Tiens, v'là m'ame Plouffe !

MADAME PLOUFFE
Présente, capitaine ! Me v'là avec ma cuvette... puis on va faire de la fanfare en s'en allant ! (*Elle frappe la cuvette avec la cuiller à pot qu'elle porte dans l'autre main.*)

MADAME BRIND'AMOUR
(*Entrant avec son mari, qui l'embrasse avant de la quitter.*) Au revoir, chéri... (*Elle essuie une larme comme il sort.*)

Madame La Framboise entre accompagnée de son chauffeur, qui lui remet une pancarte, salue et sort.

MADAME LACASSE
Bonjour, m'ame La Framboise. Je pensais que vous nous laisseriez tomber.

MADAME LA FRAMBOISE
Pas de saint danger ! C'est pas parce que mon mari vient de faire son motton dans les contrats de guerre que je vas oublier mon ancienne situation !

MADAME LACASSE
En rang, vite, tout le monde !

Rosaire Saint-Amant entre, timide, une pancarte à la main.

MADAME LACASSE
Attention, tout le monde : v'là un ennemi !

SAINT-AMANT
(*Soulevant son chapeau.*) Pardon, mesdames : c'est bien ici, le ralliement pour la grève des ménagères ?

MADAME LIBOIRON
(*Fonçant sur lui, le rouleau à pâte menaçant.*) Oui, c'est ici puis essayez pas de nous faire changer d'idée !

SAINT-AMANT
Je n'en ai pas la moindre intention. Au contraire ! C'est que, voyez-vous, ma femme travaille à la Vickers... et c'est moi qui tiens la maison à sa place. Alors j'avais pensé que je pourrais peut-être entrer dans le mouvement avec vous toutes.

MADAME LACASSE
Votre nom, vous ?

SAINT-AMANT
Saint-Amant... Rosaire Saint-Amant.

MADAME BRIND'AMOUR
Saint-Amant ! Emmenons-le, madame la Présidente !

MADAME LACASSE
Énervez-vous pas le poil des jambes, vous, la petite ! (*À Saint-Amant.*) Avez-vous une preuve à montrer que vous êtes bien de notre bord ?

SAINT-AMANT
Certain ! (*Il déboutonne son pardessus et découvre un petit tablier brodé.*)

MADAME LACASSE
Qu'est-ce que vous en pensez, citoyennes ?

MADAME PLOUFFE
Moi, je trouve qu'il a pas l'air vicieux comme les autres !

199

MADAME LIBOIRON

D'autant plus qu'il va nous falloir quelqu'un pour nous faire à manger.

MADAME LACASSE

O.K. soldat, on vous prend dans le peloton !

SAINT-AMANT

Oh, merci, ma générale !

MADAME LACASSE

(*Se ravisant.*) Mais pas de... manigances avec les femmes, hein ?

SAINT-AMANT

Oh, madame !... J'en serais tout à fait incapable !

MADAME LACASSE

Eh ben ! vite, là : on a déjà perdu assez de temps ! (*Elle s'est emparée de la cuvette de madame Plouffe, a grimpé dessus et*

harangue les grévistes.) Chères membresses du comité de direction !... Ça y est : le jour de gloire est arrivé ! Personne s'y attendait. Personne avait peur de nous autres ! Tout le monde pensait qu'on se laisserait grimper sur le dos puis manger la laine sur le corps jusqu'au Jugement dernier. Eh bien, on va crier « Domino, les femmes ont chaud ! » On va finir de se faire « swinger » toujours rien que dans le coin de la boîte à bois ! Nous v'là lancées dans une grève puis toutes les femmes de la province vont nous suivre comme un seul homme ! Puis ça va donner l'air bête à bien du monde bête ! Puis on va voir que les grèves des tramways puis de la police puis des pompiers réunies, c'était du petit lait de beurre à côté du tintouin puis du chambardement qu'on peut faire, nous autres, les petites dames du sexe faible ! En avant, marche !

Elles sortent à droite, en chantant : « Aux armes, citoyennes, formez vos bataillons ! » Des acclamations de foule se mêlent à l'orchestre de façon à former un brouhaha.

Cinquième tableau

L'ANNONCEUR

(*Apparaît, nerveux et échevelé, de la coulisse gauche, avec un micro sur pied. Arrêt brusque de la musique donnant l'impression d'un programme radiophonique qu'on coupe.*) Attention, chers auditeurs !... Un bulletin de dernière heure au sujet de la grève des ménagères : après sept longs jours de débats orageux, les pourparlers pour un règlement en sont venus à un « dead-lock », les grévistes étant plus entêtées que jamais dans leurs revendications. La grève prend des proportions formidables, presque toutes les femmes du pays s'étant jointes au mouvement, à part madame Casgrain [2] et quelques épouses de sénateurs ! Comme on le sait, les manifestantes, après avoir envahi le Parlement, en ont chassé les députés et les ministres à coups de rouleaux à pâte et se sont barricadées dans l'édifice...

2. Thérèse Casgrain, riche et élégante suffragette, dont le mari, Rodolphe, fut président de la Chambre des communes.

Sixième tableau

Le rideau s'ouvre découvrant les grévistes installées derrière une grande table sur laquelle traînent des journaux, des paperasses, des boîtes à lunch, des tasses, des bouteilles de « liqueurs », deux téléphones, etc. Toutes les femmes écoutent le commentateur de nouvelles dont la voix leur parvient par le truchement d'un petit poste de T.S.F. qu'on voit « de dos », sur la table, en face de madame Lacasse, qui préside.

L'ANNONCEUR

(*Que le rideau vient cacher mais dont on continue d'entendre la voix sans interruption.*) ... le comité de direction des grévistes s'étant emparé du bureau même du Premier Ministre... Pendant ce temps, dans tout le pays, la situation est grave... Un désordre indescriptible règne parmi la population mâle, privée de fèves au lard, de fricassée et... oserai-je ajouter : d'amour !...

MADAME LACASSE

(*Entre ses dents.*) Ils vont peut-être s'apercevoir qu'on est plus importantes qu'ils pensaient !

L'ANNONCEUR

Les magasins sont déserts et les marchands s'arrachent les cheveux...

MADAME LA FRAMBOISE

Attaboy ! (*Appréciation des autres.*)

L'ANNONCEUR

Mais les autorités, malgré cette situation alarmante, prient la population en général de ne pas désespérer, car le Gouvernement, qui a déjà prouvé dans le passé avec quel tact il sait régler les grèves, le Gouvernement, dis-je, est confiant de briser la résistance des grévistes et de les chasser promptement du Parlement... (*Le reste se perd dans le brouhaha qui va suivre.*) À mesure que les nouvelles nous parviendront, nous nous empresserons...

LES GRÉVISTES

(*Dans un tintamarre.*) Jamais !... T'as menti... On tient bon... On est ici puis on y reste !... Qu'ils viennent donc essayer... (*Elles font mine de « casser la gueule » au poste de radio.*)

MADAME LACASSE

Allons, du calme, mesdames, du calme !

MADAME LIBOIRON

On est toujours pas pour lui laisser dire n'importe quoi, à ce petit morveux-là.

MADAME LACASSE

Coupez-lui le sifflet en fermant la radio si vous voulez, mais cassez pas la machine : on en aura encore besoin. (*Madame Plouffe tourne le bouton.*) Oublions pas qu'on est les chefs dans ce mouvement-là, puis gardons notre tête sur nos épaules. (*La tempête s'apaise un peu. Mesdames Plouffe et Brind'Amour reprennent leurs tricots, cette dernière travaillant à un petit bas de bébé.*) Il faut de l'ordre dans le Comité !

SAINT-AMANT

Oui, madame la Présidente, il faut de l'ordre, vous avez donc raison !

MADAME LACASSE

Vous, faites pas rien que parler d'ordre, puis mettez-en donc un peu ici dedans. C'est votre ouvrage après tout. (*On frappe à la porte.*)

SAINT-AMANT

(*S'affairant à mettre de l'ordre sur la table.*) Tout de suite, madame la Présidente.

MADAME LA FRAMBOISE

Ça cogne à la porte.

MADAME LIBOIRON

(*Prenant son rouleau à pâte.*) Laissez faire, je vas y aller. (*Elle sort vers la coulisse.*)
Sonnerie de téléphone : madame Brind'Amour répond.

MADAME BRIND'AMOUR

Pardon, madame la Présidente...

MADAME LACASSE

Qu'est-ce qu'il y a encore ?

MADAME BRIND'AMOUR

C'est un contingent de grévistes qui vient d'arriver à pied de l'Abitibi.

MADAME LACASSE

Dites-leur de s'installer dans le café du Parlement. S'il y a du scotch dans les tablettes, qu'elles se gênent pas pour le vider par la fenêtre !

Pendant que madame Brind'Amour communique le message et raccroche, madame Liboiron rentre suivie de la bonniche Nathalie, sur son trente et un, d'autant plus provocante qu'elle a l'air pudique.

MADAME LIBOIRON

M'ame La Framboise, c'est votre petite bonne qui vous apporte vos pilules rouges.

MADAME LA FRAMBOISE

Ah bon ! Donnez, Nathalie.

LA BONNE

Voilà, madame.

MADAME LA FRAMBOISE

Merci, Nathalie.

LA BONNE

Bien, madame. (*Elle va pour sortir.*)

MADAME LA FRAMBOISE

(*La retenant.*) Dites-moi, Nathalie, ça va bien à la maison ?

LA BONNE

Ça va très bien, madame.

MADAME LA FRAMBOISE

Et monsieur ?

LA BONNE

Monsieur est très gentil, madame : ça va très bien.

MADAME LA FRAMBOISE

Je veux dire... monsieur manque de rien ?

LA BONNE

De rien, madame : ça va très, très bien.

MADAME LA FRAMBOISE

(*Toussant.*) Vous vous occupez un peu de lui, toujours ?

LA BONNE

Je m'occupe de lui avec tout le... dévouement que vous me connaissez, madame. (*Elle se dirige de nouveau vers la sortie.*)

MADAME LA FRAMBOISE

Nathalie...

LA BONNE

(*S'arrêtant.*) Oui, madame ?

MADAME LA FRAMBOISE

Vous poussez pas le... dévouement trop loin, Nathalie ?

LA BONNE

Non, madame : pas trop loin. (*Elle sort.*)
Le téléphone sonne : madame Brind'Amour répond.

MADAME LA FRAMBOISE

Ouais... Faudrait pas que ça dure trop longtemps, c'tte grève-là !

MADAME BRIND'AMOUR

Madame Plouffe, votre petit gars voudrait vous parler au téléphone.

MADAME PLOUFFE

(*Prenant le téléphone.*) Allô, Tit-Paul... Quoi ?... C'est sur la troisième tablette dans la « pantry », à côté de la boîte de « corne de stache ». Puis comment ça va, à la maison ?... Puis le lumbago de ton père ?... Ouais ! Eh ben, j'ai ben peur qu'il soit obligé de se le frotter tout seul encore pour quelques soirs. (*Raccrochant.*) Pauvre vieux !

MADAME LA FRAMBOISE

Votre mari a un lumbago ?

MADAME PLOUFFE

Oui : j'avais l'habitude de lui frotter ça, le soir, quand on se couchait, puis il disait que ça lui faisait du bien, pauvre lui. (*Elle renifle.*)

MADAME LACASSE

Vous, m'ame Plouffe, laissez-vous pas attendrir, là : on est en grève, lumbago ou non !

SAINT-AMANT

(*Entrant.*) Madame Lacasse, j'ai à vous introduire un visiteur qui va vous rendre heureuse.

MADAME LACASSE

Ça fait longtemps que j'ai abandonné cet espoir-là, mon jeune.

LE BOUCHER

(*Entrant, suave, sa casquette dans les mains.*) Bonsoir, mes chères petites dames !

MADAME LACASSE

Ah, c'est vous, ça ! Vous êtes ben poli, tout d'un coup ? Arrivez ici un peu, que je vous brasse la tête en fromage, à mon tour.

LE BOUCHER

Écoutez, madame Lacasse, je viens pas ici en tant que votre boucher...

MADAME LACASSE

En tant que quoi, d'abord ?

LE BOUCHER

En tant que président de l'Association des marchands indépendants.

MADAME LA FRAMBOISE

Oui, les saudits indépendants !

MADAME LIBOIRON

Bien plus indépendants que marchands !

LE BOUCHER

Laissez-moi parler, les petites dames : on a peut-être nos torts, mais en attendant vous êtes après miner toute l'Association. Moi, par exemple, la viande me pourrit sur les bras !

MADAME PLOUFFE

Tant mieux : vous ferez de la saucisse avec !

LE BOUCHER

Écoutez, pas de farces, là...

MADAME LACASSE

Non, on n'écoutera pas : c'est vous qui allez nous entendre...

MADAME LIBOIRON

Puis décollez-vous les oreilles du crâne pour pas perdre un mot...

MADAME LA FRAMBOISE

Ça sera pas long, mais ça va être touchant...

MADAME PLOUFFE

Puis assoyez-vous, pour pas vous faire mal en tombant sur le derrière ! (*Il s'assied, craintif, sur un petit banc devant la table.*)

LE BOUCHER

Mais après tout, qu'est-ce que c'est que vous avez tant contre nous autres ?

MADAME BRIND'AMOUR

D'abord, on vous reproche d'abuser de la situation !

MADAME LA FRAMBOISE

Certain ! Ensuite, on vous reproche d'être devenus polissons puis malcommodes comme des chauffeurs de taxi.

MADAME LACASSE

Oui, puis c'est pas une raison, parce qu'on est trente-six à avoir besoin du même rôti de porc frais, pour nous traiter comme du poisson pourri !

LE BOUCHER

(*Qui ploie de plus en plus sous l'orage.*) Écoutez, ma chère dame...

MADAME LIBOIRON

(*Brandissant son rouleau à pâte.*) Silence !

MADAME BRIND'AMOUR

Mais attendez : la guerre va finir...

MADAME PLOUFFE

Puis vous allez recommencer à nous supplier pour qu'on vous encourage...

MADAME LACASSE

Mais on continuera à faire comme si on était encore rationnées...

MADAME LA FRAMBOISE

Puis on vous mettra le derrière sur la paille !

MADAME LIBOIRON

Puis vos annonces d'une demi-page dans « La Presse », on s'en balancera comme de notre premier step-in.

MADAME PLOUFFE

... Puis si vous comprenez pas encore pourquoi on fait la grève contre vous autres...

MADAME LACASSE

... Puis si vous voulez vous faire dire encore quelques petites vérités...

MADAME LA FRAMBOISE

... Vous reviendrez...

MADAME LIBOIRON

... Mais en attendant...

TOUTES

(*Le bras tendu.*) Dehors ! !

Le boucher sort, les mains levées comme pour se protéger et la queue entre les deux jambes. Les femmes se rasseyent, essoufflées. Sonnerie de téléphone : madame Brind'Amour répond.

MADAME LACASSE

Eh ben, s'il a pas compris, celui-là, c'est pas de notre faute !

MADAME BRIND'AMOUR

Pardon, madame la Présidente, c'est le Premier Ministre qui nous ordonne encore une fois de quitter le Parlement.

MADAME LACASSE

Passez-moi-le ! (*Prenant le téléphone.*) Allô... monsieur le Premier Ministre ?... C'est bien vous-même, n'est-ce pas ?...

En bien, monsieur le Premier Ministre, crotte ! (*Elle raccroche.*)

SAINT-AMANT

(*Rentrant énervé.*) Madame la Présidente, le délégué du Gouvernement est à côté.

LES GRÉVISTES

Le délégué du Gouvernement ! (*Elles serrent rapidement leurs tricots.*)

SAINT-AMANT

Il demande une audience.

MADAME LACASSE

Faites-le entrer, m'ame Liboiron, qu'on le reçoive avec tous les hommages qui lui sont dus ! (*Madame Liboiron sort.*)

MADAME PLOUFFE

(*Vers la coulisse.*) Dites-y de s'essuyer les pieds avant d'entrer !

SAINT-AMANT

Faut-il faire un peu de ménage pour monsieur le Délégué ?

MADAME LACASSE

P'en toute ! Il nous prendra comme on est.

MADAME LA FRAMBOISE

C'est ben plus sale que ça ici dedans, quand il y a un caucus de ministres.

Entre le délégué, suivi de madame Liboiron. Il est très digne, en redingote, une fleur à la boutonnière.

LE DÉLÉGUÉ

(*Onctueux.*) Madame la présidente de l'Union, mes hommages. Mesdames, mes respects.

MADAME LACASSE

C'est vous, le délégué du Gouvernement ?

LE DÉLÉGUÉ

Moi-même, madame, pour vous servir et vous me voyez animé des meilleurs sentiments.

MADAME LIBOIRON

(*Aux autres, ironique.*) Il est pas chouette, vous pensez, le délégué ?

MADAME LACASSE

(*Au délégué.*) Alors, c'est-y que vous avez affaire à nous autres, ou ben c'est-y que vous êtes juste arrêté en passant, pour voir si on avait un petit coup à vous offrir ?

LE DÉLÉGUÉ

(*Grave.*) Je suis venu, mesdames, vous demander, au nom du Gouvernement, de retourner dans vos foyers, afin que l'ordre et la discipline renaissent dans le pays...

MADAME LACASSE

Ouais ! Eh bien, si vous voulez à ce point-là qu'on revienne dans nos foyers aujourd'hui, pourquoi que vous nous encouragez tellement depuis quatre ans à lâcher la maison pour nous envoyer à la « factory d'aréoplanes » avec un wrench dans chaque main ?

LE DÉLÉGUÉ

Je crois, mesdames, que nous déplaçons la question...

MADAME LA FRAMBOISE

Pardon ! On déplace pas la question.

MADAME PLOUFFE

Vous avez justement accroché le « guerlot » après le chat qu'on voulait attraper.

MADAME LIBOIRON

Puis on va profiter de votre douce présence pour vous dire ce qu'on a sur le coeur, à ce propos-là.

LE DÉLÉGUÉ

Allez, mesdames, je note vos revendications.

MADAME LACASSE

La grande affaire dans notre grève, c'est que nous autres, les épouses puis les mères de famille à cent pour cent, on en a déjeuné, dîné, puis soupé de se faire dire qu'on est des rien p'en toute...

210

LE DÉLÉGUÉ
Mais nous n'avons jamais dit ça !

MADAME PLOUFFE
Non, vous le dites pas clairement, vous êtes ben trop fins, mais vous vous arrangez pour que tout le monde le pense, par exemple...

MADAME LACASSE
Avec vos programmes de radio...

MADAME BRIN'AMOUR
Vos annonces dans les journaux...

MADAME LA FRAMBOISE
Puis vos affiches dans la rue...

MADAME LIBOIRON
« Faites votre devoir : enrôlez-vous »...

MADAME BRIND'AMOUR
« La femme patriote est à l'usine ! »

LE DÉLÉGUÉ
Mais, mesdames, en temps de guerre, il convient de diriger la main-d'oeuvre vers les industries essentielles...

211

MADAME LACASSE

Ouais ? Puis on n'en est pas une industrie essentielle, nous autres, les mères de familles ?

LE DÉLÉGUÉ

Mais je ne vois pas...

MADAME PLOUFFE

Qui est-ce qui vous les fournit, si c'est pas nous autres, vos beaux petits soldats que vous envoyez de l'autre bord ?

MADAME LA FRAMBOISE

Puis qui est-ce qui leur a fait prendre de l'huile de foie de morue puis du sirop pour le rhume jusqu'à l'âge de quinze ans, pour que vous puissiez les classer « A numéro un » ?

MADAME LIBOIRON

Mais malgré tout ça, quand il nous en arrive un autre, par le temps qui court, on a toutes les misères du monde à lui trouver une douzaine de couches pour lui envelopper les deux fesses !

SAINT-AMANT

(*Qui se berce suave, à l'écart de la table.*) C'est pourtant déjà assez dur de les avoir !

MADAME BRIND'AMOUR

Ôtez-vous les doigts de là-dedans, vous !

MADAME LIBOIRON

Comment est-ce que vous allez le repeupler, le Canada, après la guerre, si vous nous donnez pas la chance d'avoir un petit de temps en temps ?

LE DÉLÉGUÉ

Les autorités, mesdames, sont conscientes de ce problème et en étudient la solution.

MADAME LACASSE

Eh bien nous autres aussi, dans le moment, on étudie le problème, parce qu'on aimerait autant remplacer ceux qui s'en vont par des Canadiens, pas par des immigrants !

MADAME PLOUFFE

Sans compter qu'on est en train de faire rire de nous autres dans tout le Canada, avec nos taudis.

LE DÉLÉGUÉ

Les taudis ? Ne croyez-vous pas que nous déplaçons la question ?

MADAME LIBOIRON

Ben si on la déplace, suivez-la : vous avez les jambes longues !

MADAME PLOUFFE

Vous imaginez-vous que c'est en élevant nos enfants dans les hangars puis dans les pawn-shops à louer de la rue Craig qu'on va en faire des têtes à Papineau puis des Yvon Robert[3], après la guerre ?

LE DÉLÉGUÉ

Le Gouvernement, mesdames, prévoit un renouveau merveilleux, une fois le conflit terminé.

MADAME LA FRAMBOISE

Tut, tut, là, vous ! Il en fera pas plus après cette guerre-ci qu'il en a fait après l'autre.

MADAME PLOUFFE

Ça aurait pourtant bien fait l'affaire pendant la Crise, au lieu de laisser nos hommes les bras croisés sur le Carré Viger[4], de leur faire jeter tout ça à terre, toutes ces vieilles cabanes-là !

MADAME LACASSE

Ouais... au lieu de nous tenir dans des trous où c'qu'un rat de Montréal serait gêné de recevoir un rat de Toronto !

LE DÉLÉGUÉ

Je vous ferai respectueusement remarquer que le Gouvernement, en 1930, n'avait pas les capitaux nécessaires pour...

MADAME LACASSE

Non, mais il a bien su en trouver, par exemple, dix ans plus tard, pour envoyer deux milliards de l'autre bord !

---

3. Champion lutteur.
4. Petit parc du centre-ville où avaient coutume de se rassembler les chômeurs et les « robineux ».

MADAME LIBOIRON

(*Du bout des lèvres.*) Monsieur le Délégué est bouché. Alors il va nous dire encore une fois que nous déplaçons la question.

MADAME LACASSE

Laissez faire ! Il va être bien plus bouché que ça après la guerre, quand il va être obligé de revirer sa propagande à l'envers, puis de lui faire dire que la femme patriotique, c'est celle qui reste à la maison pour faire de la place aux hommes qui reviendront de l'autre bord.

LE DÉLÉGUÉ

Je crois, mesdames, que nous n'avons plus rien à nous dire.

MADAME LA FRAMBOISE

Non. Je pense bien que vous avez pas dit grand-chose, mais, en ce qui nous regarde, on a pas mal couvert le sujet.

LE DÉLÉGUÉ

(*Toujours digne.*) Au revoir, mesdames, et permettez-moi de vous réitérer l'assurance de mes sentiments distingués.

MADAME LA FRAMBOISE

Entendu ! Puis, si ça vous tente, vous pouvez dire bonsoir à votre femme, en passant devant le café du Parlement. (*Sort le délégué.*)

MADAME LA FRAMBOISE

Eh ben, en v'là un autre de rembarré !

MADAME LACASSE

Ouais... seulement, on n'est pas plus avancées qu'avant.

MADAME PLOUFFE

Avec tout ça, nous v'là encore pognées pour passer la nuit icitte.

MADAME BRIND'AMOUR

Pauvre Marcel, va !

MADAME L'HEUREUX

(*Misérable et maigrichonne, est entrée de droite et se tient, penaude, à côté de la table.*) Pardon, madame la Présidente...

MADAME LACASSE

(*L'apercevant.*) Qu'est-ce que vous voulez, vous ?

MADAME L'HEUREUX

(*Empêtrée.*) Je pourrais-t-y placer deux mots ?

MADAME LACASSE

Vous êtes une gréviste ?

MADAME L'HEUREUX

Oui, arrondissement 126, paroisse Saint-Enfant-Jésus-du-Mâle-End.

MADAME LACASSE

(*Qui s'efforce de ne pas être rude.*) Puis qu'est-ce que vous avez à dire ?

MADAME L'HEUREUX

Ben... v'là mon histoire : y a deux ans et demi, Johnny m'a flirtée au Starland... puis y a deux ans, il m'a dit : « On se marie ? » J'ai dit : « Certain : pourquoi pas ? »

MADAME LACASSE

Ça, c'était il y a deux ans ?

MADAME L'HEUREUX

Puis on s'est mariés... puis tout ça ! Puis trois semaines après, il est parti pour Halifax avec son fusil puis sa poche sur le dos. Puis l'année passée, il est revenu sur un « furlough » de deux jours... pour me voir, moi puis le petit...

MADAME LACASSE

Ah ! bon : parce qu'entre temps, vous aviez eu du nouveau ?

MADAME L'HEUREUX

Oui. Puis il est reparti, au bout de deux jours. Puis y a trois mois, je lui ai écrit pour lui dire que ça c'était ben passé... puis que c'était une fille, c'tte fois-là.

MADAME LACASSE

Où est-ce que vous voulez en venir avec tout ça ?

MADAME L'HEUREUX

Ben là, je viens d'apprendre qu'il est arrivé à la maison... pour un autre furlough.

MADAME LACASSE

Puis vous voudriez le voir ?

MADAME L'HEUREUX

Ben ça fait longtemps qu'on s'est pas vus... Il a peut-être encore quelque chose à me dire.

MADAME LACASSE

(À madame Brind'Amour.) Donnez-y donc une passe de sortie : elle a ben mérité un furlough autant que lui.

MADAME L'HEUREUX

(Épanouie.) Merci, madame la Présidente. Puis si vous avez jamais besoin d'une femme de journée forte, puis franche sur le bacul, puis qui a pas peur de s'accoter le ventre sur la laveuse, appelez-moi !

MADAME LACASSE

D'accord.

Madame L'Heureux sort, aux petits oiseaux.

MADAME LA FRAMBOISE

C'est ça, les Canadiennes : un furlough par année, puis elles en demandent pas plus.

SAINT-AMANT

(*Rentrant.*) Madame la Présidente, il y a un type à la porte qui fait bien pitié...

MADAME LA FRAMBOISE

C'est pas un vendeur d'automobiles, toujours ?

SAINT-AMANT

Non, c'est un mari !

MADAME BRIND'AMOUR

Un mari ? (*Pleine d'espoir.*) Pas le mien ?

SAINT-AMANT

Je pense pas, non. Il dit qu'il représente 262 000 époux éplorés qui voudraient bien qu'on leur donne la chance de s'expliquer.

MADAME LACASSE

Qu'est-ce que vous en pensez, vous autres ?

MADAME PLOUFFE

Pauvres maris, ils sont ben misérables !

MADAME LA FRAMBOISE

Dans le fond, c'est pas à eux autres qu'on en veut.

SAINT-AMANT

Il dit qu'on peut avoir confiance qu'il dit la vérité : il est Chevalier de Colomb.

MADAME LACASSE

On va lui donner une chance. Allez le chercher, m'ame Liboiron. (*Sort madame Liboiron. Aux autres.*) Mais mettez-vous pas à branler dans le manche, vous autres, même si ça fait huit jours... puis huit nuits que vous avez pas vu un homme !

SAINT-AMANT

J'étais là, madame la Présidente.

MADAME LACASSE

Ah vous, c'est pas pareil !
Rentre Liboiron, accompagnée de l'ambassadeur des maris éplorés.

217

MONDOUX

(*Prodiguant les saluts.*) Mesdames... mesdames... mesdames...

MADAME LACASSE

Bonjour ! Vous êtes monsieur ?

MONDOUX

Mondoux, Blaise Mondoux.

MADAME LACASSE

(*Voyant sa main enveloppée.*) Qu'est-ce que vous avez à la main ? Vous vous êtes battu ?

MONDOUX

Non. Excusez-moi, mesdames... mais, en faisant le lavage hier, je me suis pris la main dans le tordeur.

MADAME PLOUFFE

(*Compatissante.*) Ah, pauvre garçon !

MADAME LA FRAMBOISE

(*De même.*) Si c'est pas de valeur !

MADAME BRIND'AMOUR

Est-ce que ça saigne ?

MADAME LACASSE

Pas d'attendrissement ! Je comprends qu'on les aime, nos maris, mais c'est pas une raison pour s'attendrir pour deux doigts pris dans l'tordeur !

MADAME LIBOIRON

Quant à ça, il m'est déjà arrivé pas mal pire, à moi.

MADAME LACASSE

(*À Mondoux.*) Vous avez quelque chose à nous dire, vous ?

MONDOUX

Oui. Comme je le disais tantôt à monsieur, je suis l'envoyé de 262 327 maris bien mal emmanchés. On est tout seuls à la maison, puis on est malheureux au possible.

MADAME LACASSE

(*Toussant pour dissimuler son trouble.*) Qu'est-ce que vous voulez qu'on y fasse ?

MONDOUX

Ben, on se demande ce qu'on a bien pu faire pour vous choquer de même.

MADAME PLOUFFE

C'est pas surtout à vous autres qu'on en veut.

MADAME LA FRAMBOISE

Malgré que c'est pas mauvais que vous en profitiez un peu pour expier pour les soirs où vous nous avez flanquées là, histoire d'aller jouer à la barbote [5] !

MONDOUX

Ah ! on a été ben coupables... (*Se frappant la poitrine.*) Puis on s'en accuse humblement !

MADAME LIBOIRON

Tant mieux !

MADAME LACASSE

Mais encore une fois, c'est pas d'abord contre nos maris qu'on fait la grève.

SAINT-AMANT

La preuve c'est que, moi, qui en suis un, je suis au sein des femmes.

MADAME LACASSE

Enflez-vous pas la tête avec ça, Rosaire Saint-Amant !

MONDOUX

(*Au bord des larmes.*) En tout cas... tout ce que je peux dire, c'est : « Pauvres nous autres ! » Si vous saviez...

MADAME BRIND'AMOUR

(*Se mouchant.*) Pauvre Marcel !

MADAME LACASSE

Ah ! On comprend que c'est souffrant pour vous autres !

---

5. Tripot clandestin où on jouait aux cartes en misant très fort, au bénéfice de la pègre.

MONDOUX

Souffrant ? Pensez que ça fait huit jours que...

MADAME LACASSE

Ben pour nous autres aussi, ça fait huit jours qu'on n'a pas dormi... c'est-à-dire... qu'on n'a pas couché... enfin...

MONDOUX

Je vous comprends, madame.

MADAME LACASSE

Je le sais ben que vous me comprenez ! Mosus de maris, aussi ! Si vous étiez pas toujours là, à nous mettre des bâtons dans les jambes... On serait donc plus sûres de toffer !

MADAME LA FRAMBOISE

Ça, c'est vrai !

MADAME LACASSE

Savez-vous qu'avec vos braillages puis vos tournages à l'entour du Parlement, savez-vous qu'hier soir, de neuf heures à minuit, 3422 femmes entre vingt et quarante-cinq ans ont lâché la cause sacrée pour... ben... pour...

MONDOUX

Je vous comprends encore, madame.

MADAME LACASSE

Ben si vous me comprenez, saprez votre camp avant que je me choque !

MONDOUX

Au revoir, mesdames : nous tâcherons d'être héroïques.

MADAME LIBOIRON

C'est ça.

MONDOUX

Mais ça empêche pas qu'en attendant... (*Avant de disparaître.*)... c'est dur ! (*Il sort.*)

MADAME BRIND'AMOUR

Pauvre Marcel, va !

Toutes les femmes ont la mine basse et se mouchent.

MADAME LACASSE

C'est ça : laissez-vous prendre par les sentiments ! Ça a toujours été notre drame, à nous autres les femmes, de nous ramollir vers le soir.

SAINT-AMANT

(*Rentre, énervé.*) Madame la Présidente...

MADAME LACASSE

Qu'est-ce qu'il y a encore ?

SAINT-AMANT

Ça bouillonne dans la marmite, en bas.

MADAME LA FRAMBOISE

Les femmes ?

SAINT-AMANT

Oui. La révolte gronde sourdement, madame la Présidente : il y a des chants de sédition qui circulent !

MADAME LACASSE

Elles chantent plus : « Aux armes, citoyennes » ?

SAINT-AMANT

Non. Maintenant, elles se bercent à la noirceur en chantant : « Je me sens dans tes bras si petite ».

MADAME LACASSE

J'aime pas ça, j'aime pas ça ! M'ame Liboiron, allez en bas, puis tâchez de chanter plus fort qu'eux autres : « Il est tard, mon amour »... Voyons, qu'est-ce que je dis là, moi : « Aux armes, citoyennes ! »

Le téléphone sonne. Madame Brind'Amour répond.

MADAME LIBOIRON

Je vais faire mon possible, madame la Présidente, mais j'ai pas le coeur ben à ça. (*Elle sort.*)

MADAME BRIND'AMOUR

Madame la Présidente, les grévistes, en bas, commencent à manifester.

SAINT-AMANT

Elles cassent des vitres ?

MADAME BRIND'AMOUR

Non : elles ont trouvé des vadrouilles et des chaudières et elles lavent le plancher de la Chambre.

MADAME LA FRAMBOISE

Ça, c'est dramatique !

MADAME LACASSE

Ah ! oui : s'il faut que les femmes se mettent à faire le ménage, elles vont y prendre goût, puis il y aura plus moyen de les arrêter. Allez-y donc, monsieur Saint-Amant ! (*Sort Saint-Amant.*)

MADAME PLOUFFE

(*Qui se mouchait depuis quelque temps s'avance, piteuse, à la place qu'occupait tantôt la petite madame L'Heureux.*) Madame la Présidente...

MADAME LACASSE

Qu'est-ce qu'il y a ? Avez-vous besoin d'un furlough, vous aussi ?

MADAME PLOUFFE

Non, mais je voudrais avoir la permission d'aller dans les toilettes brailler à mon goût...

MADAME LACASSE

Allez-y. Mais mettez-vous pas à frotter l'évier à l'Old Dutch, vous non plus ! (*Madame Plouffe sort en pleurant dans son mouchoir. Les autres pleurent, le bras sous la tête.*) Eh ben : me v'là comme Christophe Colomb sur son « steamboat » ! Eh, câline de câline : dire qu'on va être obligées de tout lâcher, quand on était si bien parties !

MADAME LIBOIRON

(*Entrant énervée.*) Vite, ouvrez le radio... Paraît qu'il y a du nouveau pour nous autres !

MADAME LA FRAMBOISE

(*Plonge vers la radio, qu'elle ouvre. Toutes les grévistes écoutent attentivement.*) Du nouveau ?

MADAME PLOUFFE

(*Qui rentre à la course, en s'essuyant les yeux.*) C'est-y vrai qu'il y a du neuf ?

MADAME LACASSE

(*Lui fait signe de se taire pendant que le premier annonceur apparaît à gauche, énervé, avec son micro.*) Écoutez !

PREMIER ANNONCEUR

(*En fade-in.*)... et que la grève dure toujours. Cependant à travers le pays, la situation devient de plus en plus dramatique. En effet les hommes sont nerveux dans la rue, car l'augmentation alarmante des boutons de culottes non remplacés rend leur situation de plus en plus délicate. Trois députés ont perdu leurs pantalons hier, en pleine rue Sainte-Catherine !

MADAME BRIND'AMOUR

Pauvre Marcel, va !

DEUXIÈME ANNONCEUR

(*Apparaissant à droite, à l'avant-scène, avec micro.*) Chers auditeurs ! Dernières nouvelles de la grève : on a demandé à l'armée de prendre la place des femmes pour rétablir le bon fonctionnement des foyers.

MADAME LACASSE

(*Aux autres.*) Laissez faire, ils seront pas capables de toffer.

PREMIER ANNONCEUR

(*À qui une sténo apporte un papier.*) Chers auditeurs, on nous apprend à l'instant que les épiciers aux abois s'engagent à faire deux livraisons pour toute commande d'un cent.

DEUXIÈME ANNONCEUR

(*Une sténo lui apporte aussi un papier.*) Afin d'attirer les grévistes hors du Parlement, les grands magasins offrent un frigidaire gratuit avec tout achat d'un paquet de broches à cheveux...

MADAME PLOUFFE

(*Fait mine de vouloir sortir.*) Quoi ?

MADAME LACASSE

(*La retenant.*) Restez ici, vous ! Vous savez ben que c'est une attrape, puis qu'ils en ont pas à vendre, des broches à cheveux !

PREMIER ANNONCEUR

Cependant, parmi nos braves députés, le moral est toujours bon ! « Nous avons le droit pour nous », assure le ministre de la Justice. Et il ajoute que la grève est illégale, les grévistes ayant fait la déclaration de leurs griefs en trois copies seulement au lieu de quatre.

DEUXIÈME ANNONCEUR

Interrogé par notre représentant, le Premier Ministre déclare qu'il ne s'agit là que d'un incident, regrettable mais sans importance. « Nous reconnaissons bien là, dit-il, les agissements de la Cinquième colonne pour désorganiser notre effort de guerre. »

MADAME LIBOIRON

(*Brandissant son rouleau à pâte.*) Je vais lui en faire une Cinquième colonne sur la coupole, moi !

PREMIER ANNONCEUR

Pendant ce temps la situation à travers le pays s'aggrave toujours. Les constables, privés de soupe aux pois depuis huit jours, font de la toile au coin des rues !

DEUXIÈME ANNONCEUR

Un sondage indique une baisse terrible dans la popularité des programmes de savon !

PREMIER ANNONCEUR

Comme concession suprême, les commanditaires du programme « Grande Soeur » offrent de ressusciter le docteur Langevin !

DEUXIÈME ANNONCEUR

Dans le but d'obtenir la fin de la grève, la Ligue d'achat chez nous organise un pèlerinage à pied à la chapelle de la Réparation.

PREMIER ANNONCEUR
Le Gouvernement cependant tient toujours bon !

DEUXIÈME ANNONCEUR
(*À qui on apporte un papier.*) 422 délégations de marchands se rendent auprès du Gouvernement et offrent de casser la fiole au ministre du Commerce !

PREMIER ANNONCEUR
(*À qui on apporte un papier.*) On menace de renverser le ministère. Pour changer le mal de place et distraire la population, le Gouvernement parle d'étatiser la Bell Telephone !

DEUXIÈME ANNONCEUR
Achetez des bons de la Victoire !
Un messager apporte un télégramme au premier annonceur.

PREMIER ANNONCEUR
Bulletin spécial : la femme du Premier Ministre vient de quitter la maison pour se joindre aux grévistes en emportant le portefeuille de son mari.

DEUXIÈME ANNONCEUR
(*Lisant un autre télégramme.*) Le Premier Ministre cherche son portefeuille.

PREMIER ANNONCEUR
(*Même jeu.*) Le chef de police, affolé, court nu-tête dans la rue, en criant : « Maman, maman ! »

DEUXIÈME ANNONCEUR
(*Même jeu.*) Le Premier Ministre réunit d'urgence son cabinet...

PREMIER ANNONCEUR
(*Même jeu.*) « Que se passe-t-il ? » demande le Premier Ministre...

DEUXIÈME ANNONCEUR
« Y aurait-il, par hasard, une grève des ménagères ? » s'informe le ministre du Commerce... « Nous n'avons jamais eu vent de la grève », assure le Procureur général.

PREMIER ANNONCEUR

(*Un messager apporte un autre bulletin.*) Dernières nouvelles : « La grève est légale », déclare le ministre de la Justice, « car on vient de retrouver la quatrième copie qui manquait ».

DEUXIÈME ANNONCEUR

« La grève sera réglée immédiatement », affirme le Premier Ministre.

PREMIER ANNONCEUR

« Si des saboteurs veulent nous empêcher de donner justice aux braves ménagères du pays, ajoute le Premier Ministre, on verra de quelle façon nous traiterons ces agissements de la Cinquième colonne pour désorganiser notre effort de guerre. »

DEUXIÈME ANNONCEUR

Un envoyé spécial se rend incontinent auprès des grévistes, les bras chargés de promesses.

Émoi chez les grévistes.

PREMIER ANNONCEUR

Il va partir.

DEUXIÈME ANNONCEUR

Il part.

PREMIER ANNONCEUR

Il est parti.

DEUXIÈME ANNONCEUR

Il entre au Parlement.

PREMIER ANNONCEUR

Il frappe à la porte...

Coups à la porte : madame Liboiron sort et va répondre.

MADAME LACASSE

Le v'là ! Ouvrez juste le bas de la porte : il va entrer à plat ventre. (*Madame Brind'Amour ferme le poste de radio et les commentateurs s'effacent.*)

L'ENVOYÉ SPÉCIAL

(*Entre tout en courbettes.*) Bonjour, mesdames ! Bonnes nouvelles, mesdames...

MADAME LACASSE

Qu'est-ce que votre boss a décidé ?

L'ENVOYÉ

(*Obséquieux.*) Vous gagnez sur toute la ligne !

TOUTES

(*Hystériques.*) Hourra ! On a gagné !

L'ENVOYÉ

Oui, mesdames ! Tout ce qu'on a fait dans le passé, on ne le fera plus. Et tout ce qu'on avait dit qu'on ne ferait pas, on va le faire.

MADAME LIBOIRON

Attaboy ! Parlez-moi d'un Gouvernement qui a rien qu'une parole !

MADAME LACASSE

Puis oubliez pas : on veut des posters d'un bout à l'autre de la rue Sainte-Catherine, disant que nous autres aussi, on est patriotes à cent pour cent !

L'ENVOYÉ

C'est entendu !

MADAME PLOUFFE

Puis on veut des annonces d'une pleine page dans la gazette, nous autres aussi...

L'ENVOYÉ

De deux pages, mesdames.

MADAME LA FRAMBOISE

Dans la gazette du matin, du midi puis du soir.

L'ENVOYÉ

Promis.

MADAME LIBOIRON

Puis faut que ça arrête, ça, qu'un petit blanc-bec d'Ottawa, qui sait même pas la différence entre une livre de casso-nade puis une poignée de bran de scie, vienne nous dire que des confitures pas de sucre, ça surit pas, carotte verte !

227

L'ENVOYÉ

Dès demain matin, madame !

MADAME PLOUFFE

Puis surtout, on veut que ça finisse bien entre Yvette Brind'Amour [6] puis le docteur Boileau.

L'ENVOYÉ

(*Acquiesce.*) Mesdames, vous aurez tout ce que vous désirez !

MADAME LACASSE

Seulement, écoutez, là vous : c'est pas rien que des promesses qu'on veut...

MADAME LIBOIRON

Ouais, c'est pas une élection, ça : c'est une grève.

L'ENVOYÉ

C'est entendu.

MADAME LA FRAMBOISE

Parce que, dites-lui bien ça, à votre Premier Ministre, puis regardez-le trembler dans ses chaussons : qu'il fasse bien attention de tenir ses promesses, parce que sa popularité, on va lui faire péter ça comme rien, nous autres !

MADAME LACASSE

Puis ça sera pas plus difficile que d'avoir réussi, nous autres toutes seules, les femmes, à faire avec presque rien p'en toute la popularité de Tino Rossi !

RIDEAU

---

6. Comédienne qui interprétait le rôle de « Grande Soeur », de Louis Morrisset, à la radio ; le Dr Boileau était un des personnages de ce « roman-savon ».

Dans le bon vieux temps...

Distribution

Premier tableau :
FRIDOLIN	Gratien Gélinas
GUGUSSE	André Courchesne

Deuxième tableau :
MARIE	Muriel Glass
EUGÉNIE	Estelle Shepperd
MATHILDE	Gloria Gagné
HENRIETTE	Manon Côté
HORTENSE	Dawn Aiken
NOÉMIE	Jacqueline Hébert
LE DANDY	Julien Lippé

Troisième tableau :
HENRIETTE	Gisèle Schmidt
EDMOND	Adrien Lachance
MONSIEUR BEAULIEU	J.-R. Tremblay
MADAME BEAULIEU	Amanda Alarie
L'ONCLE ALBERT	Henri Poitras

Quatrième tableau :
LE PÈRE COURROUCÉ	Armand Leguet
LA MÈRE AFFLIGÉE	Fanny Tremblay
LA FILLE DÉSHONORÉE	Olivette Thibault

Cinquième tableau :
J.-A. LATREILLE	Fred Barry
J.-B. LAVIGNE	J.-R. Tremblay
LE CAMELOT	André Courchesne

Sixième tableau :
WENCESLAS	Gratien Gélinas
MÉO	Clément Latour
OSCAR	Julien Lippé
TIT-GÈNE	André Courchesne

Premier tableau — Dans le grenier chez Gugusse

Derrière un grand encadrement à l'ancienne qui délimite l'aire de jeu, un grenier encombré d'une vieille malle, de boîtes à chapeaux et de meubles anciens mis au rancart. Au lever du rideau, Gugusse, assis par terre près de la malle, regarde un grand album de photographies. Fridolin, tout amusé, plonge dans la malle ouverte et en sort divers objets.

FRIDOLIN

Hé ! Je te dis que t'en as des belles choses dans ton grenier, toi, Gugusse !

GUGUSSE

Bah ! C'est toutes des vieilles affaires.

FRIDOLIN

Tu parles que c'est amusant de jouer avec ça ! (*Sortant de la malle un article qui lui semble étrange.*) Qu'est-ce que c'est que ça ? Une mitaine de baseball ?

GUGUSSE

Non : c'est un « bustle ».

FRIDOLIN

À quoi ça sert ?

GUGUSSE

Ma mère m'a dit que, dans l'ancien temps, les femmes mettaient ça en dessous de leurs robes.

FRIDOLIN

Par en avant ?

GUGUSSE

Non : par en arrière.

FRIDOLIN

Ça devait être commode quand elles se faisaient donner la volée... Tiens, en v'là des robes ! (*Il en sort une de la malle.*) Tu parles d'une belle toilette !

GUGUSSE

Je pense que c'est la mère de mon père qui portait ça.

FRIDOLIN

(*Sortant un chapeau.*) Wow, le beau chapeau ! (*Il a trouvé un boa.*) Gugusse, regarde-moi donc le tour de cou ! Penses-tu qu'elles devaient être chic dans ce temps-là ! Autrement que les femmes qui se promènent en overalls et en culottes comme aujourd'hui. Où est-ce que vous avez pris ces choses-là ?

GUGUSSE

Quand mémère est morte, ma tante a envoyé toutes ses affaires chez nous puis on a monté ça au grenier.

FRIDOLIN

Nous autres, on a déménagé trop souvent pour garder autant de stock. Tout ce qui nous reste de la parenté, c'est une pipe de plâtre de pépère. (*Il brandit une crosse qu'il vient de trouver.*) Tiens, une raquette de tennis de l'ancien temps !

GUGUSSE

Non, c'est une « la crosse ».

FRIDOLIN

Comment ça se jouait, ce jeu-là ?

GUGUSSE

Comme au hockey, mais à pied, puis avec une « balle de gin » au lieu du puck.

FRIDOLIN

C'est ton père qui jouait à ça ?

GUGUSSE

Non, c'est un de mes oncles. Celui qui était barbier.

FRIDOLIN

Qu'est-ce que t'examines, toi ?

GUGUSSE

Des vieux portraits de la famille...

FRIDOLIN

(*Qui est venu voir au-dessus de son épaule.*) Hé, regarde donc le beau petit couple !

GUGUSSE

C'est le père et la mère de m'man, le jour de leurs fiançailles.

FRIDOLIN

(*Lisant, sous le portrait.*) « Le 14 avril 1901 ». Ouais... Sais-tu que je l'aurais trouvée de mon goût, ta petite grand-mère... avec sa dentelle autour du cou puis sa montre accrochée après le corsage.

GUGUSSE

Quand elle s'est mariée, elle avait juste dix-huit ans.

FRIDOLIN

Ça doit être une vraie belle vieille, à présent ?

GUGUSSE

Non, parce qu'elle est morte, à peine trois ans après son mariage : ma mère avait un an.

FRIDOLIN

Ah... c'est dommage ! Puis toutes ces belles filles-là, sur le même portrait ?

GUGUSSE

C'est les six tantes de mon père.

FRIDOLIN

Pas des jumelles ?

GUGUSSE

Non, juste des soeurs.

FRIDOLIN

Les noms sont écrits. (*Lisant.*) « Marie, Mathilde, Noémie, Hortense, Eugénie et Henriette... » Tu parles de beaux noms doux ! Dis donc, il me semble qu'il y en a une qui portait la robe que je viens de sortir, tu trouves pas ?

GUGUSSE

Ça se pourrait.

FRIDOLIN

(*Qui a plongé dans la malle et en extrait une photo encadrée à l'ancienne.*) Qui c'est, ce parent-là ?

GUGUSSE

Ça ?... Je pense que c'est Sir Wilfrid Laurier.

FRIDOLIN

Tiens, tiens... C'est lui, ça, Sir Wilfrid ! Lui, j'ai un de mes oncles qui a eu de la peine quand il a appris sa mort. (*Rêveur.*) Ça me fait drôle de voir toutes ces vieilleries-là... Des vieilleries qui ont été neuves, un temps... Pour finir oubliées dans une malle de grenier. Ta mère le sait qu'on fouille là-dedans ?

GUGUSSE

Ah ! oui, elle est habituée : quand on était petits, on faisait des séances, avec tout ça.

FRIDOLIN

Moi, je te trouve chanceux : organiser des séances avec des costumes comme ceux-là, dans un beau grenier comme le tien ! Moi, j'ai rien que le hangar puis trois, quatre vieilles poches de patates vides... (*Debout à l'avant-scène, face au public.*) Eh souffrance ! Je vois la belle séance que je ferais,

234

moi, avec un stock semblable... Je vois ton grand-père puis ta grand-mère qui se content fleurette dans le salon, le soir de leurs fiançailles, en pensant que leur vie ensemble va toujours durer... Et puis ton oncle qui était barbier... Puis tes petites grands-tantes avec leurs belles robes... (*S'exaltant.*) Oui, ça commencerait de même, ma séance : c'est le dimanche après-midi, un peu après les vêpres, vers quatre heures et demie. Le printemps est arrivé : il fait un petit soleil doux. On entend un baptême qui sonne à l'église Notre-Dame. Et les sœurs se promènent sur la Place d'Armes. Bien gentiment, en se demandant si c'est pas ce jour-là qu'il va passer sur leur chemin, Lui... avec un L majuscule ! Il me semble que je les vois... (*L'éclairage a baissé sur le grenier et le rideau s'est fermé lentement, pendant que se dessine, à l'orchestre, la musique du tableau suivant.*)

Deuxième tableau — Un flirt après les vêpres

FRIDOLIN

(*Dont on entend encore la voix dans les haut-parleurs.*) Oui, je les vois : Marie... Eugénie... Mathilde... Henriette... Hortense... et Noémie...

L'éclairage revient à l'avant-scène, pendant que, une à une, les jeunes filles entrent à l'appel de leur nom, alternativement de chaque côté, pour venir former tableau au centre. Le rideau s'ouvre alors de nouveau derrière l'encadrement : une toile représentant un coin du vieux Montréal au début du siècle a remplacé l'évocation du grenier.

Puis, sur une valse de style 1900, les jeunes filles évoluent, en groupes de trois face à face, reculant et avançant tour à tour, comme elles le faisaient sans doute dans la cour du couvent. On entend dans le lointain la cloche d'une chapelle, qui sonne pour un baptême quelconque.

Puis se dessine le flic flac serein d'une calèche résonnant sur le pavé. Le véhicule invisible s'approche et traverse la scène, les jeunes filles saluant gracieusement vers le public.

Comme le bruit s'éloigne, elles passent, en pantomime, des commentaires sur les occupants de la voiture, décrivant la toilette de la belle assise à côté de l'élégant jeune homme. Puis les têtes se rapprochent pour une confidence un peu osée. L'orchestre souligne la réaction amusée

qu'elle provoque. *Les plus jeunes pirouettent au milieu de leurs rires, ce qui amènera la promenade à s'animer davantage. Marie, la grande soeur, tentera de rappeler à ses cadettes que la bienséance exige plus de tenue en public chez des jeunes filles de bonne famille.*

Soudain, on s'émeut sur la scène et à l'orchestre, les cinq plus jeunes ayant aperçu l'amoureux de Marie, qui se dirige vers le groupe. Marie, qui marchait dans la direction opposée, tourne la tête, a une faiblesse à la vue de l'amoureux encore invisible. Ses soeurs l'éventent de leurs mouchoirs. L'une d'elles sort de son sac une fiole de sels, qu'elle lui fait respirer.

Marie reprend ses esprits, pendant que ses soeurs la réconfortent. Le dandy sort de la coulisse, mais s'arrête aussitôt et, après avoir jeté un regard vers le groupe, vérifie sa toilette face au public. Pendant ce temps, les petites poussent la grande dans le dos. Marie fait un pas de l'avant, rosissante. Les autres l'encouragent puis vont s'asseoir sur un banc de parc qui complète le décor.

Un thème « amoureux » se dessine à l'orchestre. Le dandy et Marie échangent de loin un regard à la fois tendre et timide. Puis lui, mine de rien, se dirige vers le centre de la scène et salue Marie comme il arrive à quatre ou cinq pas d'elle. On sent qu'il cherche un prétexte pour entamer la conversation, sans trop le faire voir. Mais Marie, les yeux baissés, n'ose faire la moindre avance.

236

Elle tourne la tête vers ses soeurs pour leur exprimer son trouble. Mais ces dernières l'encouragent vivement du geste. La plus petite des soeurs, assise sur le bout du banc qui est près de Marie, se lève alors rapidement, vient d'un geste leste arracher des mains de cette dernière le mouchoir derrière lequel elle cherchait à masquer son émoi et le laisse tomber à terre.

Marie, surprise, ébauche un geste pour le ramasser puis comprend et attend. Le dandy, tout heureux de l'ouverture, prend le mouchoir et le présente à Marie, avec son salut le plus gracieux.

La glace est rompue. Marie et le dandy entament, en pantomime, une conversation un peu guindée, où il est question de température et d'autres banalités, tout en avançant et en reculant, face au public, dans un pas de valse très posé. Puis le dandy offre à Marie de faire une promenade avec lui.

Marie hésite et désigne ses soeurs. Celles-ci approuvent de la tête avec empressement. Le dandy, reconnaissant, salue les chaperons complaisants et offre son bras à Marie qu'il conduit vers la coulisse, dans un pas de valse plus entraînant. Celle-ci, avant de disparaître, adresse à ses soeurs un dernier coup d'oeil où elle exprime son bonheur.

Ils sont sortis. Pendant que la valse s'éloigne avec le couple, une des petites vient au centre et se penche, comme si elle suivait les amoureux du regard. La deuxième vient la retrouver, puis les trois autres. Elles tiennent, toutes les cinq, la même pose un moment. Puis, dans le silence, elles se redressent et, la main sur le coeur, poussent un long soupir sonore.

Et, comme le thème musical du début reprend plus gaiement, elles sortent en gambadant dans la direction opposée à celle que le couple a prise.

RIDEAU

237

Troisième tableau — Comme on chante à vingt ans

Un salon bourgeois, style 1900. À l'avant-scène, les deux amou-reux Edmond et Henriette s'occupent à examiner des cartes dans un stéréoscope. À l'arrière-plan, madame Beaulieu, à l'harmonium, accompagne l'oncle Albert, qui chante. Monsieur Beaulieu est assis dans un fauteuil et fume un cigare.

L'ONCLE

(S'égosille, appuyé sur l'harmonium, dans une pose théâtrale.)
... La belle chose qu'un soleil d'auro-ore !
Mais sur mon rêve, plus radieux,
Un soleil règne, que j'aime mieux,
Sa flamme est sur ta lèvre
Et sa beauté brille en tes yeux !
(Comme il termine, étranglé, on applaudit assez mollement, surtout les amoureux.)

M. BEAULIEU

(Se lève et tape sur l'épaule de l'oncle.) Pas mal ! Pas mal du tout ! *(Il parle un peu fort, car l'oncle entend dur.)*

L'ONCLE

(Content de lui.) Ah, pour un homme de quatre-vingt-un ans, je donne encore mon fa naturel ! Mais j'étais pas mal mieux que ça, dans mon jeune temps...

MME BEAULIEU

(Qui s'est retournée sur le banc de l'harmonium.) Vous êtes encore solide, mon oncle.

L'ONCLE

Ah, pour être solide, ça, pas de doute ! Puis je peux bien vous le prouver en vous en chantant une autre...

M. BEAULIEU

(Qui s'est approché.) Tantôt, mon oncle, on reviendra : ils nous attendent, dans la salle à manger, pour une partie de whist.

L'ONCLE
Une partie de whist ? Faudrait pas manquer ça !

M. BEAULIEU
D'autant plus que j'en connais deux qui seront pas fâchés de rester seuls...

MME BEAULIEU
Le jour de leurs fiançailles, il faut bien leur donner la chance de se parler un peu.
Le trio s'est approché de la causeuse.

M. BEAULIEU
C'est intéressant, le stéréoscope, les enfants ?

HENRIETTE
Très intéressant, papa.

L'ONCLE
(*Se penche et regarde la carte qu'ils examinaient.*) Les chutes Niagara ! Pays des voyages de noces, hein ?

EDMOND
Hé ! oui, mon oncle.

L'ONCLE

C'est beau, la jeunesse ! (*Comme ils sortent tous trois.*) Ça me rappelle mon jeune temps, quand j'allais fréquenter ma défunte Malvina, à Sainte-Cunégonde...

HENRIETTE

(*Laissant tomber le stéréoscope.*) Ça vous intéresse, ces cartes ?

EDMOND

Pas plus que vous. Je ne sais même pas ce que nous avons regardé.

HENRIETTE

Mais c'était commode pour défendre notre intimité... contre les bavardages de l'oncle Albert.

EDMOND

Il est sympathique, le vieil oncle.

HENRIETTE

Notre bonheur lui rappelle sans doute le sien, qui est déjà du temps passé. Et c'est pour ça qu'il a chanté, de sa bonne vieille voix un peu fausse. (*Un temps. Elle lui prend la main.*) Bonsoir, mon cher fiancé.

EDMOND

Bonsoir, ma chérie.

HENRIETTE

14 avril 1901...

EDMOND

C'est la vie qui commence pour nous deux.

HENRIETTE

Toute la vie...

EDMOND

À quoi pensez-vous ?

HENRIETTE

À des images qui défilent dans ma tête.

EDMOND

En relief, comme tantôt ?

HENRIETTE

Je me revois plus tard, quand je serai très vieille et... laide.

EDMOND

Laide ? Impossible, ma chérie.

HENRIETTE

Alors, seulement très vieille.

EDMOND

Et quel âge aurez-vous, belle dame, quand vous serez très vieille ?

HENRIETTE

Oh ! Je ne sais pas... 60 ans...

EDMOND

60 ans ? C'est encore très jeune.

HENRIETTE

Tout de même, cela nous mène... (*Comptant mentalement.*) ... à 1944. Comme c'est loin, 1944 !

EDMOND

Et qui vous aimera toujours, en 1944 ?

241

HENRIETTE

(*Elle lui prend la main, simplement, mais avec une tendresse évidente.*) Je serai alors la femme d'un avocat célèbre.

EDMOND

(*Blaguant un peu.*) Qui sait ? Peut-être même d'un juge !

HENRIETTE

Mais oui, pourquoi pas ? Vous êtes si brillant, mon chéri ! Et nous aurons quatre fils.

EDMOND

Quatre ? Pourquoi pas cinq ?

HENRIETTE

Non, quatre : il faut des filles, aussi. Et nous nous promènerons le dimanche, en famille...

EDMOND

Nous aurons sans doute une de ces nouvelles voitures sans chevaux.

HENRIETTE

Ah ! non : je déteste le bruit qu'elles font... et l'odeur de l'huile et la poussière...

EDMOND

Alors, en 1944, nous nous promènerons encore, rue Notre-Dame, en victoria ?

HENRIETTE

Et tous les gens sensés feront encore comme nous, vous verrez.

EDMOND

Dans ce temps-là, ma chérie, me direz-vous encore : vous verrez ?

HENRIETTE

Mais oui, Edmond !

EDMOND

Vous ne me direz pas : *tu* vois ?

HENRIETTE

Jamais ! Y pensez-vous ? Une femme se sent tellement mieux protégée par un mari à qui elle dit : vous.

EDMOND

Alors, en 1944, rien ne sera changé ?

HENRIETTE

Rien. Sinon que je vous aimerai davantage. Et vous me chanterez encore la chanson que j'aime tant.

EDMOND

« Plaisir d'amour » ?

HENRIETTE

Chantez-la, ce soir, pour moi seule.

EDMOND

« Plaisir d'amour ne dure qu'un moment »... C'est moins gai que la chanson de l'oncle Albert, tantôt.

HENRIETTE

C'est peut-être beau, un soleil d'aurore... mais ça n'a pas le charme d'un soleil d'automne. Vous ne trouvez pas ?

EDMOND

Peut-être.

HENRIETTE

Et puis, c'est doux de penser qu'on pourrait être triste, quand on est heureux comme nous le sommes, mon chéri.

EDMOND

Alors, soit ! une vieille chanson.

HENRIETTE

Une vieille chanson... pour les vieux amoureux que nous serons alors. (*Elle lui a pris la main et se renverse doucement la tête sur le dossier de la causeuse, pendant qu'il chante, d'une voix d'abord intime, puis qui monte avec l'orchestre.*)

EDMOND

Plaisir d'amour ne dure qu'un moment.
Chagrin d'amour dure toute la vie... (*Et caetera.*)
À la reprise du refrain, le rideau se ferme doucement.

Quatrième tableau — Monte en haut, Rosée !

Le hall d'entrée d'une maison du Carré Saint-Louis, en 1910. Au fond, porte-parapluies avec miroir et crochets. Des manteaux et chapeaux anciens sont suspendus. À droite, à l'avant-scène, l'amorce d'une rampe suggère un escalier qui doit conduire à l'étage. À gauche, une chaise.

Au lever du rideau, Rosée est assise face au public sur le siège du porte-parapluies et pleure dans un mouchoir, son chapeau et son manteau encore sur le dos. La mère, en bonnet de nuit et en robe de chambre, pleure aussi, assise sur la chaise à gauche. Le père fulmine, appuyé sur la rampe de l'escalier.

LE PÈRE

Si ç'a du bon sens de rentrer comme ça aux petites heures de la nuit ! Ta pauvre mère qui achevait de mourir d'inquiétude, en disant son chapelet pour toi...

ROSÉE

(*Au milieu de ses larmes.*) Il est pas si tard que ça !

LE PÈRE

Pas si tard ? Regarde l'horloge, ma petite fille ! (*Le gong de l'horloge marque la demie.*) ... Tiens : dix heures et demie tapant !

LA MÈRE

(*Morvant.*) Qu'est-ce que t'as fait, donc, Rosée ?

LE PÈRE

Oui... Qu'est-ce que t'as fait, petite perdue ? Parle, avant qu'il soit trop tard. Puis cache-nous rien !

ROSÉE

J'ai rien fait de mal : je suis juste allée faire un petit tour au parc Sohmer... avec Antoine.

LE PÈRE

Puis qui est-ce qui vous chaperonnait ?

ROSÉE

(*Craintive.*) Personne.

LE PÈRE

Misère de misère !

LA MÈRE

(*Pleurant de plus belle.*) Qu'est-ce que les voisins vont bien penser de toi ?

LE PÈRE

On va en avoir, une belle réputation, après ce temps-là, nous autres, une famille honorable, qui reste en plein sur le Carré Saint-Louis !

LA MÈRE

Puis quant à y être... y a autre chose qu'il faut que je te dise, aussi.

ROSÉE

Vous aviez promis de garder ça pour vous !

LA MÈRE

Oui, mais puisque t'es pas plus fine que ça, tu mérites pas que je cache ça à ton père.

LE PÈRE

Quoi ?... Que c'est qu'il y a encore ? Envoye fort : je peux m'attendre à tout, à c'tte heure !

LA MÈRE

(*Humiliée.*) Avant-hier, je l'ai surprise... en train de se farder !

LE PÈRE

(*Éclate.*) Se farder ? Ça, c'est le restant des écus ! Qu'est-ce que j'ai bien pu faire au bon Dieu pour avoir une fille de même ?

ROSÉE

(*À travers ses larmes.*) Quoi ? Y a des filles qui commencent à faire ça, dans l'Ouest.

LE PÈRE

Ben sûr, des filles comme ça, y en a dans l'Ouest, puis y en a dans l'Est... puis y en a plein la rue Cadieux aussi. Mais y en entrera pas une dans ma maison, tu m'entends ?

ROSÉE

(*Morvant.*) Si vous pensez que c'est ben drôle de toujours avoir le bout du nez reluisant...

LE PÈRE

Ben, si t'as le nez reluisant, fais comme ta mère, puis mets-toi un peu de cornstarch dessus, puis c'est toute !

LA MÈRE

(*Découvrant tout.*) Puis, quel temps qu'il fait, la bouteille d'essence de vanille est toujours vide !

LE PÈRE

Ah !... puis tu te parfumes en plus de ça, hein ?

LA MÈRE

Puis lundi passé, je lui ai demandé de faire un détour jusque chez Dupuis en revenant des Quarante heures, puis de m'acheter deux manteaux pour les becs de gaz. Puis tu sais pas ce qu'elle m'a dit ?

LE PÈRE

Envoye : assomme-moi !

LA MÈRE

Elle a dit : « Eh, Jésum ! »

LE PÈRE

C'est ça : mets-toi à sacrer à c'tte heure ! Juste dans le mois du Congrès eucharistique ! Ben, monte en haut, Rosée ! Monte en haut puis couche-toi, si ça vaut encore la peine c'tte nuitte ! On est trop énervés pour dormir, ta mère puis moi : ça fait qu'on va en profiter pour réfléchir sur ton cas, puis te punir comme il faut ! (*Le bras tendu, vers l'escalier.*) Monte ! (*Rosée se dirige vers l'escalier en se mouchant.*) Puis, pour commencer, tu viendras pas avec nous autres, dimanche prochain, en pèlerinage à la chapelle de la Réparation ! (*Rosée commence à monter en pleurant de plus belle, pendant que le rideau se ferme et que l'orchestre joue en sourdine : « Dans le bon vieux temps, ça se passait de même ».*)

Cinquième tableau — Le portrait de Sir Wilfrid Laurier

Le camelot paraît à gauche et traverse l'avant-scène en agitant son journal.

LE CAMELOT

Extra, extra !... Sir Wilfrid Laurier est mort. Un deuil national ! (*Il sort à droite en répétant son annonce.*)

Sortent de gauche Latreille et Lavigne. Le premier porte sous le bras un portrait encadré de Sir Wilfrid Laurier. Le second tient l'autre par le bras, un flacon dépassant de sa poche. Ils sont tous deux passablement pompettes.

LAVIGNE

Voyons, voyons... Braille pas de même !

LATREILLE

Je m'en consolerai jamais. Pauvre Sir Wilfrid, va !

LAVIGNE

(*Lui tendant son flacon.*) Tiens, prends un p'tit coup : ça va te faire du bien !

LATREILLE

Amène... (*Il boit une lampée et lui rend le flacon.*)

Tout en parlant et en buvant, ils traverseront la scène, se dirigeant peu à peu vers la coulisse droite.

LAVIGNE

Il est mort, correct. Mais c'est pas une raison pour te décourager ! (*Il boit à son tour.*)

LATREILLE

C'est facile à dire, ça !

LAVIGNE

C'est pas ta femme, après tout !

LATREILLE

Veux-tu pas blasphémer, toi ?

LAVIGNE

Je comprends, c'est un coup dret au coeur, pour un bon rouge comme toi, mais...

LATREILLE

(*L'arrêtant.*) Aïe ! Es-tu un ami, toi ?

LAVIGNE

Ben, quiens ! Pourquoi tu penses que je te fais boire mon gin ?

LATREILLE

(*Un peu insulté.*) Ben, dans ce cas-là, si t'es un ami, dis-moi pas que je suis un rouge, ou ben donc ça fera pas !

LAVIGNE

Comment ? Veux-tu dire que...

LATREILLE

J'ai toujours voté bleu, tu sauras !

LAVIGNE

Pourquoi que tu brailles de même, d'abord, parce que Sir Wilfrid est mort ?

LATREILLE

(*Confidentiellement.*) Parce que moi... c'est pas de ma faute, mais Sir Wilfrid depuis que je suis haut comme ça que je l'aime, comme un fou ! Seulement, j'ai jamais pu voter pour lui, parce que, nous autres, dans notre famille, on a toujours été des bleus de père en fils.

LAVIGNE

(*Plein de sympathie.*) Pauvre vieux, va !

LATREILLE

Tu comprends ma situation ?

LAVIGNE

Certain : on a des principes ou ben on n'en a pas. Moi aussi, sur la question de la religion j'ai toujours été strict !

LATREILLE

J'avais des grands enfants : je pouvais pas les déshonorer devant tout le comté.

LAVIGNE

Ce que t'as dû souffrir, toi !

LATREILLE

Ça se dit pas. Tu comprends mon martyre, à chaque élection ? Obligé de voter pour un député bleu, quand, dans le fond de mon coeur, j'appartenais à un autre homme ?

LAVIGNE

(*Les larmes aux yeux.*) Y a des destinées ben navrantes dans la vie !

LATREILLE

J'espérais toujours que Sir Wilfrid changerait de parti, et puis que je pourrais voter pour lui... mais non !

LAVIGNE

C'est pour ça que t'étais toujours triste, toi, pas vrai ?

LATREILLE

(*Au tréfonds de la confidence.*) Mon vieux, je peux ben te le dire à toi : c'est pour ça que je me suis mis à boire.

LAVIGNE

Pauvre toi, que t'es donc à plaindre ! Prends un petit coup. (*Pendant que l'autre boit.*) Ça guérit pas, mais ça ôte le mal.

LATREILLE

(*Dans une nouvelle explosion de chagrin.*) Puis là, il est mort ! Puis tout ce qu'il me reste de lui, c'est son portrait que j'ai acheté. Puis je peux même pas rentrer à la maison avec !

LAVIGNE

Donne-moi-le... (*Il prend le portrait.*) Je vas l'accrocher dans le salon, chez nous.

LATREILLE

Tu ferais ça, toi ?

LAVIGNE

Certain ! Puis quand ça te forcera trop, tu viendras, puis on braillera ensemble devant.

LATREILLE

T'es un vrai chum, toi !

LAVIGNE

LAVIGNE

En attendant, prends un petit coup pour oublier...

Bras dessus, bras dessous, ils disparaissent dans la coulisse.

Sixième tableau — Le barbier d'Hochelaga

À droite, un banc — ou des chaises — avec une petite table où sont étalés des journaux et périodiques (circa 1924). À droite, sous le miroir, une tablette supporte des fioles, des rasoirs, des pots à barbe, des peignes, des tondeuses, des brosses, des boîtes de poudre, etc. Sous la tablette sont pendues à des crochets une houppette à long manche de bois, des serviettes, une courroie à aiguiser les rasoirs. Au centre, trône la chaise de barbier.

Au lever du rideau, Méo est assis sur la chaise, recouvert jusqu'au cou du traditionnel drap blanc. Wenceslas finit de lui couper les cheveux, en mâchant de la gomme. Tit-Gène, assis à gauche, est plongé dans la lecture de « Police Gazette ».

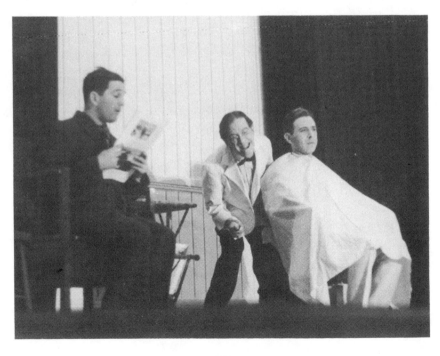

WENCESLAS

(*Qui aiguisera son rasoir sur la courroie.*) Comment ce que tu veux que je te fasse les faces ?

MÉO

(*Sur la chaise.*) Monte-moi pas ça trop haut.

WENCESLAS

Je vais te trimer en pointes... à la Valentino.

MÉO

Non : fais-moi ça droit.

WENCESLAS

(*Déçu.*) C'est la dernière mode, directement d'Hollywood.

MÉO

C'est ma blonde qui aime pas ça.

WENCESLAS

Tant pis pour toi.

OSCAR

(*Entre en chantonnant.*) « C'est mon homme »...

MÉO

Allô, Oscar ! T'es ben « game » à soir.

OSCAR

Hé, Tit-Wen, y en a-t-y ben avant moi ?

WENCESLAS

T'es next après Tit-Gène.

OSCAR

Dépêche-toi : je m'en vas au Family avec ma blonde, à soir.

MÉO

Qu'est-ce qu'ils jousent ?

OSCAR

« Aurore, la petite enfant martyre [1] ».

---

1. Le mélodrame d'*Aurore l'enfant martyre* (dont Marc Forrez tirera un roman et France-Film un long métrage en 1952) trouve son origine dans un fait divers et un procès retentissant de 1920, dont la troupe Rollin-Nohcor (Rochon) fit un « grand guignol » qui prit plusieurs formes.

251

WENCESLAS

(*À Oscar.*) Assis-toi, ça sera pas long. (*Lui offrant un journal.*) Tiens, si tu veux « le Canard [2] », y en a des verrases de bonnes, c'te semaine. (*À Méo.*) Je vais-t-y te peigner ça sec ou ben à l'eau de Floride ?

MÉO

Ça va-t-y sentir au moins jusqu'à neuf heures ?

WENCESLAS

Certain, garanti ! Sec, ça sent encore plus fort que trempe. Puis c'est une verrase de belle senteur distinguée ! (*Baissant la voix.*) Dis donc, Méo, t'en vas-tu voir ta blonde, là, toi ?

MÉO

Ouais.

WENCESLAS

Veux-tu que je te mette un peu d'huile de charme ?

MÉO

C'est-y vrai que c'est bon, ça ?

WENCESLAS

Hé ! Je te dis qu'un gars qui en a à la bonne place, les filles fall pour comme des fall-balls.

MÉO

Où c'est que tu mets ça ?

---

2. Feuille humoristique, d'un comique populaire.

WENCESLAS

Sur les oreilles... (*Confidentiellement.*) Moi, tu sais, j'en ai toujours une goutte sur le bout du tympan.

MÉO

Comment tu vends ça ?

WENCESLAS

Dix cents pour deux généreuses grosses gouttes.

MÉO

O.K., j'vas prendre une chance.

WENCESLAS

(*Petit coup de coude égrillard.*) Tu m'en donneras des nouvelles, saudit chanceux ! (*Il lui en met sur les oreilles, puis le peignera en l'inondant d'eau de Floride pendant les répliques qui suivront.*)

OSCAR

(*Qui feuilletait un journal.*) Médéric Martin [3] fait une autre assemblée à soir.

WENCESLAS

Ouais. Puis j'vas aller crier pour lui en Jupiter.

OSCAR

Y a pas de chance c't'année, Médéric.

MÉO

(*Indifférent.*) Penses-tu ?

WENCESLAS

(*Agressif.*) Médéric, pas de chance ?

OSCAR

Il va perdre son dépôt : son temps est fini.

WENCESLAS

(*Fonçant sur lui la brosse à la main.*) Médéric, fini ? Il va rentrer « right through », tu sauras. Puis ben mieux que ça, tu sauras me le dire, il va finir premier ministre du Canada, Médéric. Peut-être plus !

OSCAR

Qu'est-ce que tu veux dire : peut-être plus ?

---

3. Maire légendaire de Montréal, marchand de cigares qui avait la réputation d'être illettré.

WENCESLAS

(*Embêté.*) Laisse faire, ce que je veux dire...

OSCAR

C'est rien qu'un faiseux de cigares Peg-Top !

WENCESLAS

Insulte pas mon homme : je vas te faire baiser mes cinq frères !

OSCAR

Si tu penses que j'ai peur d'un avorton de ta taille !

WENCESLAS

Puis toi ? La grippe espagnole a même pas voulu de tes six-pieds-un-quart-de-pouce !

OSCAR

Cesse donc de chicaner puis donne-moi un petit Derby.

WENCESLAS

(*Revenant vers la chaise.*) Next !

Il enlève le drap qui recouvrait Méo. Ce dernier est en tenue de sport : chandail, souliers de toile. Il se dirige d'ailleurs vers son gréement, qui l'attend là où il l'a déposé en entrant : crosse et sac de toile brune. Pendant ce temps, Oscar ouvre le paquet de cigarettes que Wenceslas lui a remis et en sort une carte coloriée.

WENCESLAS

(*S'approchant.*) Quelle carte qu'il y avait dedans ?

OSCAR

(*La lui montrant.*) Une Pearl White.

WENCESLAS

(*Sortant un paquet de cartes de sa poche.*) Je vais te la changer, ta Pearl White, pour deux Tom Mix ?

OSCAR

O.K !

WENCESLAS

T'es un chum, toi. (*Ils font l'échange.*)

OSCAR

Seulement, si tu mets la main sur des bandes de cigares, garde-moi-les : ma blonde les ramasse pour se faire un coussin.

WENCESLAS

(*À Méo.*) Tu t'en vas à ta pratique de la crosse ?

MÉO

Ouais, avant d'aller embrasser ma blonde. Parlant de la crosse, vous êtes pas venus à la « game » au Shamrock, dimanche ?

OSCAR

Qui est-ce qui jouait ?

MÉO

Les Caughnawaga se poignaient avec les Irlandais.

WENCESLAS

Ç'a-t-y été ben « rough » ?

MÉO

Y en a eu cinq qui ont reçu la pelote de gin dans le ventre.

OSCAR

Hé, ç'a été une belle game, en effet !

WENCESLAS

Ça, c'est un beau spôrt, la crosse !

MÉO

C'est pas un jeu d'enfant d'école.

WENCESLAS

Moi, j'étais pas pire là-dessus au collège...

OSCAR

Sur quoi ?

WENCESLAS

La crosse.

OSCAR

Vante-toi pas.

WENCESLAS

Moi ? Demande à Tit-Gène. Il m'a connu : il était à l'école avec moi. Hein, Tit-Gène, j'étais bon su' la crosse ?

TIT-GÈNE

(*Hausse les épaules.*) M'en souviens pas.

WENCESLAS

(*Montrant Tit-Gène, sans s'occuper de la négation.*) Tu vois ? Demandes-y : il le sait, lui ! J'étais pas long sur pattes. Même qu'au collège, ils m'appelaient jamais Wenceslas, c'était toujours Tit-Cul... Hein, Tit-Gène ? (*Ce dernier hausse les épaules de nouveau. Les deux autres, pas intéressés pour deux sous, ont chacun le nez fourré dans un journal.*) J'étais pas long sur pattes, mais le peu que j'avais, j'étais pas manchot avec !... (*Décrivant le mouvement.*) Je marchais pas, je « flyais » ! (*Il a en main la crosse de Méo.*) Je me rappelle une game qu'on avait pris, les élèves contre le club des frères, l'année que j'ai lâché le collège...

OSCAR
Dépêche-toi : j'ai pas de temps à perdre à soir, moi...

WENCESLAS
(*Continuant de plus belle.*) Écoute ça, Oscar : tu comprends, les frères, ils aimaient ça, jouer à la crosse avec les petits gars... parce qu'ils s'arrangeaient toujours pour avoir le dessus sur nous autres. Il y en avait un dans le tas : il s'appelait le frère Alcidas... (*À Tit-Gène, qui semble endormi sur la chaise de barbier.*) Tu l'as connu, toi, Tit-Gène, le frère Alcidas ? Ça, c'était « chéti » sur la crosse, le frère Alcidas ! Il avait toujours un six-pouces à t'envoyer dans le bas des côtes ! Ah, il était de même, le frère Alcidas ! Demandez à Tit-Gène... Hein, Tit-Gène ? Ah... puis il t'avait une face choquante, tu sais, une verrase ! Du genre de celles que tu leur pèterais la gueule !

OSCAR
Écoute, Tit-Wen... J'ai pas envie de passer la soirée ici, moi !

WENCESLAS
Ça sera pas long. Pour en venir à la game, ça, ç'avait été une belle game ! C'était le frère directeur qui « empaillait [4] ». Puis les frères scoraient... Puis on scorait ! Toujours est-y qu'un beau moment, le score était 12 à 12 en notre faveur chaque bord. Puis il restait une minute à jouer... puis c'est moi qui avais la pelote dans la crosse... Puis, aïe, je pédalais du côté du « base » des frères... (*Il mimera les feintes, les pirouettes, les sauts de crapaud que son jeu exigeait.*) Tout d'un coup, je me retourne, puis je vois-t-y pas le frère Alcidas

---

4. Arbitrait. De l'anglais *umpire*, arbitre.

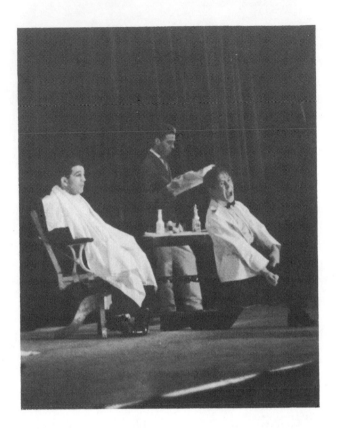

qui s'en venait sur moi à la fine épouvante, la crosse en l'air !
Je fais ni une ni deusse : je me sacre sur le côté. Le frère
Alcidas prend une « slide », les quatre fers en l'air. Je fais
deux fois le tour du base, puis, juste comme la cloche sonnait,
sling !, dans le « fly net »... le pied sur la crosse du frère
Alcidas !

RIDEAU

La famille Fridolino

Distribution

Premier tableau :
FRIDOLINO   Gratien Gélinas
LA FAMILLE   Toute la troupe

Deuxième tableau :
SÉRAPHIN PEIGNEFIN   Armand Leguet
DONALDA PEIGNEFIN   Amanda Alarie

Troisième tableau :
LE PÈRE MONGRAIN   Fred Barry
SA FILLE ÉGLANTINE   Gisèle Schmidt

Quatrième tableau :
LE POÈTE   Clément Latour
LA MUSE   Olivette Thibault
LA MUSELIÈRE   Juliette Huot

Cinquième tableau :
MARIANNE LAFRANCE   Juliette Béliveau
HERR KOLONEL   Julien Lippé
HERR CHÉNÉRAL   J.-R. Tremblay
L'ANNONCEUR   Henri Poitras
LE BRUITEUR   André Courchesne

Premier tableau — Présentation

Sur une musique appropriée, les danseuses, costumées en petits clowns, exécutent à l'avant-scène une brève routine acrobatique d'environ quarante-cinq secondes. À la fin de leur numéro, elles entrouvrent elles-mêmes le rideau et découvrent le décor : devant une toile de fond créant l'atmosphère nécessaire, une roulotte de comédiens ambulants, vue de côté et sur laquelle est écrit :

« *La Famille Fridolino*
Comédiens ambulants
Spectacles de tous genres
pour enterrements de vie de garçon, noces d'or,
emprunts de la Victoire, etc.
Livraison dans toutes les parties de la ville. »

Fridolin, dans un costume rappelant un peu celui d'un pierrot, sort de la voiture et descend à l'avant-scène. Les danseuses l'entourent.

FRIDOLIN

Mesdames et messieurs, permettez que je me présente : signor Fridolino, enfant légitime et dernier-né de la grande famille Fridolino, qui vous était sans doute inconnue jusqu'ici et que vous ne tarderez pas à oublier, tant il est vrai qu'ainsi passe la gloire du monde !

Vous vous demandez sans doute à quel bon vent vous devez notre visite. Vous allez le savoir en trois temps, deux mouvements et une arabesque... (*Qu'il exécute.*) Chers contribuables, cochons de payants, mes frères... Vous savez tous que pour le cinquième emprunt de la Victoire, de bien douce mémoire, le Gouvernement s'est fendu, Carré Phillips, d'un spectacle sans arrêt, qui vous était généreusement offert à vos frais. Au cours de ce spectacle qui restera dans nos annales comme le sommet d'une propagande discrète et efficace, le Gouvernement, afin de donner à sa publicité un corps et un esprit bien nationaux, avait engagé la famille Marino. La famille Marino, qui, maintes fois par jour, sur un fil de fer tendu, a fait vibrer d'émotion le coeur des badauds et fait tomber les millions par milliers dans la poche percée du ministre des Finances.

Il y eut donc dans l'histoire de notre effort de guerre, une famille Marino. Si vous l'ignoriez encore, ce serait un peu gênant pour le ministre de la Propagande. Ma famille à moi ne vous offrira pas des tours de force à trente pieds dans l'air, non plus que des tours de magie noire indignes de votre esprit, mais elle vous jouera la Comédie humaine, aux ficelles autrement plus compliquées. Place au théâtre ! Allez ! Hop ! (*Les danseuses préparent la scène en ouvrant rapidement les portes et en abaissant les marches de la roulotte.*) Théâtre commode et portatif, s'il en fut un jamais. Le théâtre à votre porte, c'est le cas de le dire !

Donc, nous avons la scène ! Vous êtes l'auditoire. Et la troupe, c'est ma famille, que voici ! (*Sonnerie de trompette à l'orchestre : à mesure qu'il nomme les membres de sa famille, les comédiens sortent à la file de la roulotte.*) Mon père ! Ma mère ! Mon frère Arthur ! Ma sœur Rosemonde ! Ma tante Aurore, mon oncle Clophas ! Cousin Ernest, cousine Bertine et... (*Les désignant.*)... mes dix belles-sœurs dont vous vous rinciez l'oeil, messieurs, depuis déjà deux grosses minutes. Ma famille, une, indivisible et unie comme le Bloc populaire [1] !

Ma famille qui va se faire aller le talent devant vous pour le plus grand profit de notre mère la Propagande et qui vous offrira, sur la scène et sur le parvis, un spectacle dédié au

---

1. Ce parti était tiraillé entre une aile fédérale (dirigée par le député de Beauharnois, Maxime Raymond) et une aile provinciale (dirigée par André Laurendeau), entre une faction québécoise et une faction montréalaise, entre les industriels (Édouard Lacroix, Maxime Raymond) et les intellectuels, entre les ex-libéraux et les nationalistes...

ministre des Finances et intitulé : « Le jeu de celui qui la bourse fit s'ouvrir ». Allez, hop ! (*Les comédiens disparaissent de chaque côté des coulisses.*)

Et pour commencer, un drame de l'impôt sur le revenu intitulé « Le malade malgré lui ». (*Il disparaît et le rideau s'ouvre sur le deuxième tableau.*)

Deuxième tableau — Le malade malgré lui

Vaguement suggérée, la salle à manger... d'un avare. Au lever du rideau, Séraphin est assis devant une table encombrée d'un tas de paperasses.

SÉRAPHIN

(*Appelant.*) Donalda, viens icitte une minute !

DONALDA

(*Entre de droite en essuyant une assiette.*) Que c'est qu'il y a ?

SÉRAPHIN

Lâche ta vaisselle puis assis-toi un peu.

DONALDA

(*Se déposant une fesse sur la chaise qui est au bout de la table.*) Dépêche-toi, avant que mon eau fige.

SÉRAPHIN

Je suis après remplir mon impôt sur le revenu...

DONALDA

Compte pas sur moi pour t'aider, moi qui ai de la misère à me démêler dans une recette de pâté à la viande.

SÉRAPHIN

Tu vas comprendre... même si t'es rien qu'une femme. Vois-tu, c'est écrit icitte sur la formule T-1-9 que, passé un montant de $150., j'ai le droit d'enlever de mon impôt sur le revenu toutes nos dépenses d'hôpital, de médecin pis d'opérations !

DONALDA

Oui, puis après ?

SÉRAPHIN

Ben ça veut dire que, de ce temps-citte, si on est malades, toi pis moi, pis toute la famille, c'est le Gouvernement qui paye.

DONALDA

Oui... mais ça nous dérangera pas ben gros, parce que, c'tt'année, on pète de santé tout le monde.

SÉRAPHIN

Ouais... Pense pas que c'est pas choquant, pour une fois qu'on avait la chance d'être malades sans que ça nous coûte une cenne !

DONALDA

Que c'est que tu veux qu'on y fasse ? C'est pas de notre faute si on est ben.

SÉRAPHIN

Seulement, y a peut-être une chose qu'on peut faire : que c'est que tu dirais, ma femme, si on en profiterait pour faire opérer les enfants, tous les treize, pour l'appendicite ?

DONALDA

Mais ils en ont pas besoin !

SÉRAPHIN

Dans le moment, non, mais on sait jamais pour plus tard. Pis dans ce temps-là, c'est nous autres qui paieraient...

DONALDA

(*Qui commence à saisir l'astuce.*) Tandis qu'à c'tt'heure, c'est le Gouvernement !

SÉRAPHIN

Prends mémère, qu'on a été obligés de payer de la grosse argent pour lui faire enlever des pierres dans la vessie, il y a quatre ans : si on avait attendu à c'tt'année, ça nous aurait rien coûté.

DONALDA

(*Rêveuse.*) Ouais, ouais ! Ben, sais-tu que ça a du bon sens, pour les enfants.

SÉRAPHIN

Ben certain ! Treize appendicites, pour rien !

DONALDA

Puis quant à y être... y aurait pas quelque chose qu'on pourrait se faire enlever, nous autres aussi, tous les deux ?

Troisième tableau — Cochonnerie

Une table dans un coin de la cuisine, à la campagne. Le père Mongrain, debout, dicte à sa fille, qui écrit, installée à la table et armée d'une plume qu'elle trempe dans l'encrier.

MONGRAIN

As-tu mis la date, là, Églantine ?

ÉGLANTINE

Oui, p'pa. (*Lisant.*) Saint-Exupère, P.Q, 12 février 1944.

MONGRAIN

Bon. (*Dictant.*) Mon cher Mackenzie King, je t'écris à propos de mes cochons...

ÉGLANTINE

C'est-y correct de tutoyer le Premier Ministre ?

MONGRAIN

Ben oui ! Ça va y faire plaisir.

ÉGLANTINE

Bon (*Écrivant.*)... je t'écris à propos de mes cochons...

MONGRAIN

(*Dictant.*) À propos de mes cochons... Au commencement de la guerre, le Gouvernement a dit aux habitants : « Élevez des cochons en masse pour envoyer de l'autre bord. » Comme de raison, je m'ai mis à élever des cochons en masse pour envoyer de l'autre bord, puis j'ai agrandi ma soue...

ÉGLANTINE

Pas trop vite, p'pa !

MONGRAIN

(*Dictant.*) Au bout d'un bout de temps, le Gouvernement nous a dit : « Faut encore plus de cochons pour envoyer de l'autre bord. » Ça fait que j'ai fourré quatre truies dans le poulailler. L'année d'après, fallait encore plus de cochons...

ÉGLANTINE

(*Écrivant.*) Encore plus de cochons...

MONGRAIN

(*Dictant.*) Ça fait que là, c'est rendu que j'ai des cochons plein la grange, plein la remise, plein la cabane à chien, plein la bécosse...

ÉGLANTINE

(*Écrivant.*)... La bécosse...

MONGRAIN

(*Dictant.*) Plein la cave, plein le grenier, puis plein la chambre de la visite. C'est rien qu'un beau cochon d'un bout à l'autre de ma terre.

ÉGLANTINE

Écoutez donc, p'pa : c'est-y seulement pour y dire ça que vous écrivez au Premier Ministre ?

MONGRAIN

Énerve-toi pas, Églantine, puis continue. (*Dictant.*) Mon cher Mackenzie, paraît que les Anglais sont ben contents d'avoir nos cochons. Moi aussi, je suis ben content de leu-z-en vendre, parce que, organisé comme je sus là, si j'arrêtais de vendre mes cochons, je serais mal pris en beau cochon...

ÉGLANTINE

... en beau cochon...

MONGRAIN

(*Dictant.*) Puis là, ben v'là-t-y pas que Tanisse Lacombe vient me dire, après la grand-messe dimanche passé, qu'il avait lu dans la gazette que l'Angleterre, après la guerre, parlait d'acheter leu' cochons au Danemark. Dis donc, King : tu trouves pas que c'est un peu cochon ?

Quatrième tableau — La nuit de mai

Fridolin vient à l'avant-scène présenter le numéro.

FRIDOLIN

Et maintenant un hommage à nos écrivains canadiens ! À ces purs amants des choses de chez nous, dont la plume, pauvre mais sans attache, ajoute chaque jour une fleur nouvelle au bouquet déjà si odoriférant de notre littérature nationale. (*Il annonce, comme le rideau s'ouvre.*) « La nuit de mai » ou « La muse et le poète... canadien ».

À droite, en plan coupé, une porte-fenêtre de style rococo laissant entrer un rayon de lune. À gauche, un pupitre du même style, avec écritoire, plume d'oie et gros encrier.

LE POÈTE
(*Entrant, romantique, dans un costume à la Musset et la main sur le front.*)
Quelle ardeur infinie
Cette nuit me transporte
Quel éclair de génie
Soudain frappe à ma porte ?
(*Il s'est approché de la table et a saisi sa plume.*)
J'ai la plume qui me démange
Littérature de mon pays
Tu pleurais dans tes langes
Ne pleure plus, me voici !
(*S'affaissant devant son pupitre.*)
Ô Muse de chez nous, parais à ma fenêtre
Je chanterai nos bois, nos hivers, nos étés
La beauté de nos champs, je la ferai connaître
Et mourrai glorieux, mais sans publicité.

LA MUSE

(*Apparaît à la porte-fenêtre, dans une longue robe blanche. Elle a une lyre à la main et, dans les cheveux, un diadème surmonté d'une feuille d'érable. Elle récite, un peu genre couventine.*)

Poète, prends ton luth et me donne un baiser
Depuis longtemps déjà j'attendais ta réplique
Tu ne m'as pas app'lée depuis ton cours classique
Et je restais dehors, les pieds dans la rosée...

LA MUSELIÈRE

(*Paraît derrière la muse, qu'elle repousse pour se faire un passage.*) Tasse-toi, p'tite radoteuse ! (*Elle entre et s'approche du pupitre en mâchant de la gomme, un sac à main accroché au bras. Elle porte une robe blanche et son diadème représente un micro. Au poète ahuri.*) Allô, grand rêvasseux !

LE POÈTE

Qui es-tu, ô figur' prosaïque ?

LA MUSELIÈRE

(*Tout en mâchant sa gomme.*) Moi ? J'suis la muse radiophonique ! Poète, prends ton « type » et ponds-moi un p'tit sketch.

LE POÈTE

(*Ahuri et choqué.*) Un p'tit sketch ?

LA MUSE

(*Réapparaissant dans la fenêtre.*) Poète, ô mon poète, n'écoute pas la voix de cette énergumène.

LA MUSELIÈRE

Sur tout le réseau, cinq soirs par semaine...

Pendant les répliques suivantes le poète écoutera, ahuri, les deux muses alternativement.

LA MUSE

Tu chanteras nos champs dorés par la moisson...

LA MUSELIÈRE

Tu chanteras, mon cher, les mérit's du savon...

LA MUSE

Notre beau Saint-Laurent, poète, fais-lui une ode...

LA MUSELIÈRE
Tu f'ras des romans-fleuves à dix mille épisodes...

LA MUSE
Il faut chanter nos fleurs, nos forêts, nos cours d'eau...

LA MUSELIÈRE
Non, non : Sunlight, Oxydol, puis Chipso...

LA MUSE
Nos lacs à l'eau limpide, agitée par l'orage...

LA MUSELIÈRE
Barsalou, jeune homme, sans dur frottage...

LA MUSE
La voix des grands érables, nos chansons, nos légendes...

LA MUSELIÈRE
Puis si t'as du temps de reste, tu f'ras d'la propagande...

LA MUSE
Écoute-moi, poète, et tu seras connu partout de par le monde...

LA MUSELIÈRE
T'auras ton portrait puis ton nom dans « Radio-monde »...

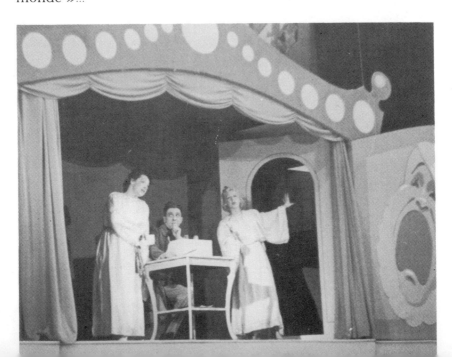

LA MUSE

(*Qui faiblit de plus en plus.*) Poète, n'entends-tu pas les voix qu'entendait Maria...

LA MUSELIÈRE

Aïe, mon vieux, écoute-moi ça. (*Elle lui fait sonner à l'oreille les pièces de monnaie de son sac. Le poète ouvre des yeux ronds.*)

LA MUSE

(*Appuyée tristement, la lyre pendante, sur le chambranle de la porte-fenêtre.*) Tu veux la liberté : elle t'offrira des chaînes...

LA MUSELIÈRE

(*Elle sort un contrat de son sac.*) Tiens : un contrat pour cinq ans, deux cents piastres par semaine ! (*Le poète a un long siffle-ment d'ébahissement. Puis il enlève prestement l'encrier qui couvrait une petite machine à écrire, avec quatre copies au carbone déjà toutes préparées, et se met à taper en sifflotant.*)

LA MUSE

(*Essaie encore une fois de faire vibrer sa lyre, puis, d'une voix faible et découragée.*) Poète, prends ton luth et me donne un baiser...

La muselière se dirige vers la fenêtre et fait disparaître la muse en baissant un large store qui fait l'effet d'une affiche commerciale et sur lequel est écrit, le plus lisiblement possible :

Poète & Company Ltd.,
À vendre :
Sketches, rimettes
Propagande, gags,
À la page ou à la ligne.

Le poète tape de plus en plus vite sur la machine.

LA MUSELIÈRE

(*Qui revient vers lui et arrache la feuille de la machine.*) Envoye, envoye ! Plus vite que ça !

Le rideau se ferme pendant que le poète, les cheveux en désordre, replace fébrilement des feuilles dans la machine à écrire.

Cinquième tableau — Les Teutons de Radio-Propagande [2]

FRIDOLIN

(*Présentant le numéro à l'avant-scène.*) Et voici, chers spectateurs, que nous en sommes à une partie capitale de ce divertissement populaire préparé à l'intention du Gouvernement.

Depuis le début, vous attendiez ce moment béni, en vous disant, le coeur serré d'angoisse : le Gouvernement, qui nous offrira ce spectacle, Carré Phillips, nous désappointera-t-il en nous privant de sa propagande habituelle ? De cette propagande légère, souple et bien française qui nous vient directement d'Ottawa en passant par Toronto. De cette propagande, un peu usée peut-être au bord des manches, mais toute glorieuse pour avoir servi, comme un vieux général, pendant toute la guerre de 1914. D'ailleurs qu'avons-nous besoin de nouveauté en fait de propagande ?... Les classiques vieillissent-ils jamais ? Et ces barbares Allemands, ces Uhlans maudits, ces Teutons aux casques pointus, qui ont fait tant pleurer nos mères et qui feront encore chialer nos petits-enfants, nous avons appris à les aimer... grâce aux efforts du Gouvernement ! Et ces braves petites Françaises, gémissant sous la botte nazie, et ces adorables mômes criant encore « Vive la France ! » même cloués à une porte de grange... ces crânes paysannes filant la quenouille d'un front serein, bien que risquant leur peau pour cacher au cruel ennemi, sous leurs jupes tremblantes, tout un peloton de poilus en déroute... tous ces personnages nous sont devenus familiers et nous les aimons, comme Cendrillon, Gaspard Petit et Marie Scapulaire [3] ! C'est donc avec fierté que j'entrebâille ce soir mon programme, pour vous transporter aux studios de Radio-Propagande. (*Il fait signe aux danseuses qui sortent des coulisses.*) Entrez, chers badauds, il y a encore de la place à

---

2. Ce sketch est une parodie du pathétique roman radiophonique « La fiancée du commando », de Henry Deyglun.

3. Gaspard Petit et Marie Scapulaire étaient deux quêteux qui avaient acquis une certaine popularité auprès de la population à cause de leurs déboires avec l'appareil judiciaire et de leurs personnalités colorées.

l'avant-scène ! (*Elles s'assoient sur les gradins de chaque côté du plateau de la roulotte.*) Le programme radiophonique va commencer. Et je puis vous assurer, mesdames, que vous les mouillerez, ce soir, vos mouchoirs ! (*Il s'assied lui-même avec les danseuses sur les gradins, pendant que le rideau de la roulotte s'ouvre sur le sketch.*)

Sur la scène de la roulotte, au fond, une toile représentant la salle de contrôle d'un studio de radio. Un feu rouge au-dessus. Devant la toile, à gauche, des tables tournantes et le bric-à-brac du bruiteur. Au fond, un banc pour les trois interprètes. À droite, une chaise pour l'annonceur. Un micro au centre, à l'avant-scène.

Les interprètes sont assis sur le banc et mâchent de la gomme, l'air ennuyé et leur texte dans les mains. Marianne est au centre, flanquée du Kolonel et du Chénéral. À gauche, le bruiteur. À droite, l'annonceur. Les deux Allemands sont en bras de chemise, les manches relevées. L'ampoule rouge s'allume et s'éteint plusieurs fois.

L'ANNONCEUR

(*Aux interprètes, de l'air d'un technicien qui en a vu bien d'autres.*) Attention... Stand by ! (*Aux deux Allemands.*) Aïe, vous autres, costumez-vous : on commence ! (*Les deux hommes émettent ensemble un long bâillement, puis endossent une tunique allemande, se coiffent d'un casque à pointe et s'ajustent un monocle. L'ampoule s'allume de nouveau et reste allumée. L'annonceur s'approchant du micro.*) Chers auditeurs, nous vous présentons ce soir un nouveau chapitre de notre palpitant roman.

MARIANNE

(*Au micro, l'air bien ennuyé.*) « La fiancée du commandant Von Schly » ! (*Elle retourne s'asseoir et bâille de nouveau.*)

L'ANNONCEUR

Hier soir, à la fin du quart d'heure, nous avons laissé notre jeune héroïne, Marianne Lafrance, suspendue par les orteils dans la chambre de torture de la Gestapo. On se souvient que Marianne a été arrêtée par son fiancé, le colonel Von Schly, après avoir fait une action d'éclat : en effet, la douce Marianne s'est introduite dans la salle de toilette même d'Hitler, en se faisant passer pour le « plombeur », et a mis une bombe à retardement en arrière de la « bolle ». Au moment où nous reprenons notre récit, il reste 45 secondes avant l'explosion tant désirée... Marianne est toujours suspendue par les orteils et ses bourreaux, le colonel Von Schly et le général Von Schling, essaient de lui faire avouer l'endroit fatal où elle a lâché sa bombe.

HERR KOLONEL

(*Fort accent.*) Allons, betite têtuse, barleras-tu ?

MARIANNE

Non, je ne parlerai pas ! Chatouillez-moi tant que vous voudrez !

HERR CHÉNÉRAL

Du ne feux pas barler ? (*Ricanant.*) Herr Kaporal, abbelez la karde et vusillez 25 odages ! (*L'annonceur lance à la cantonade un commandement guttural. Le bruiteur imite au micro des bruits de pas approchant à la course.*)

HERR KOLONEL

(*Commande.*) Veu ! (*Le bruiteur fait tourner une crécelle près du micro. Fridolin pleure d'émotion à l'avant-scène.*)

HERR CHÉNÉRAL

(*Après un rire infernal.*) Engore 25 odages et, zette voix, des vemmes et des envants !

HERR KOLONEL

Veu ! (*Le bruiteur agite de nouveau sa crécelle.*)

FRIDOLIN

(*Vers le public, en braillant.*) Ah les v'limeux d'Allemands !

L'ANNONCEUR

(*Tragique, au micro.*) Chers auditeurs, l'instant est devenu dramatique ! En effet, il ne reste plus que 15 secondes avant que ça fasse boum ! Et voici que le Führer nauséabond, qui n'a pas découvert le pot aux roses, est venu tranquillement s'asseoir dans la fatale salle de toilette, en écoutant, les yeux bien ronds, un « record » de Wagner. Sautera-t-il ? Sautera-t-il pas ? Encore 9 secondes !

HERR KOLONEL

(*À Marianne, au micro.*) Barleras-tu, envin, Marianne ?

MARIANNE

Non, je ne parlerai pas : traînez-moi par les cheveux, si vous le voulez !

HERR CHÉNÉRAL

Vaites ce qu'elle temante ! (*Le bruiteur traîne une poupée par les cheveux autour du micro.*)

MARIANNE

Ayoye ! Ayoye !

FRIDOLIN

(*À l'avant-scène.*) C'est trop, arrêtez ça ! (*Il veut s'élancer sur le plateau, mais les danseuses le retiennent.*) Dis-le, Marianne ! Dis-le donc !

L'ANNONCEUR

Attention, chers auditeurs : trois secondes seulement avant l'explosion... deux secondes... une seconde...

MARIANNE

(*Au micro.*) Time ! (*Le bruiteur fait éclater un sac de papier dans le micro.*)

L'ANNONCEUR

Ah, la brave petite ! Elle a risqué sa peau pour faire sauter Hitler ! (*Marianne mâche de la gomme sur sa chaise.*) Brave petite, la patrie te dit : merci ! Cependant le Führer a-t-il sauté ? Ou a-t-il été sauvé d'une mort certaine en se levant, deux secondes avant l'explosion, pour aller tourner le record de bord ? Mystère ! C'est ce que nous saurons en écoutant le prochain chapitre !

HERR CHÉNÉRAL

(*Sans accent, cette fois.*) Avant de vous quitter, chers auditeurs, une petite question : souffrez-vous de mauvaise digestion en bas de la ceinture ?

HERR KOLONEL

(*De même.*) Si oui, ne manquez pas d'écouter demain soir avant de vous coucher, le 218e épisode de notre roman, épisode qui sera intitulé :

MARIANNE

« La vierge martyrisée par les Teutons ! »

Sixième tableau — Les bonnes de la Victoire

Deux danseuses font mine de sortir de la coulisse « la machine à faire des bonnes », qu'un machiniste pousse en réalité par en arrière jusqu'au centre de la roulotte.

FRIDOLIN

(*Paraissant, comme les deux danseuses s'éclipsent.*) Mesdames et messieurs, j'ai le vif plaisir de vous présenter une machine qui a l'air de pas grand-chose — je l'admets, même si elle est de mon invention — une machine, dis-je, qui a l'air de pas grand-chose, mais qui constitue une des réussites les plus formidables de la science — je l'admets encore, même si elle est de mon invention. C'est une machine à faire... des bonnes ! Oui, mesdames et messieurs, ayant constaté l'extrême rareté des bonnes, bonniches, servantes, femmes de ménage et autres oiseaux rares du même poil, je me suis mis le génie à la pâte et je crois avoir trouvé la solution du problème : s'il n'y a pas de bonnes, il faut en faire !

Comme je n'ai pas l'intention de garder jalousement pour moi cette invention merveilleuse, je vais vous donner la

recette en faisant ma première brasse sous vos yeux ébahis. Alors, retroussons nos manches et allons-y ! (*Les deux danseuses reviennent, portant sur des plateaux les articles dont il aura besoin. Il s'arme d'abord d'un thermomètre, qu'il introduit dans la machine après en avoir ouvert la porte.*)

Il faut d'abord prendre la température de la machine, si on ne veut pas que les bonnes soient trop « hot », ce qui est toujours un peu dangereux, n'est-ce pas, mesdames ? — étant donné notre climat plutôt sévère... (*Il ressort le thermomètre, qu'il examine.*) Tout va bien de ce côté-là. (*Il met les objets dans la machine, au fur et à mesure qu'il les nomme.*) Vous prenez d'abord du sex-appeal et vous en mettez au moins plein la main d'un honnête homme. Vous ajoutez un bâton de rouge à lèvres, un soupçon d'une poudre de riz parfumée, une paire de cils artificiels, la peau d'une pêche tendre et mûre à point et vous décorez le tout de deux aguichants bonbons roses. Vous suivez bien, mesdames ?

Maintenant quelques objets indispensables à la présentation décente du produit sur le marché... (*Il met successivement un soulier, un soutien-gorge, une jarretelle et une petite culotte. Leurs plateaux étant maintenant vides, les danseuses retournent vers la coulisse.*) Et vous brassez le tout... (*Il actionne une manivelle sur le*

côté de la machine.) Vous brassez le tout, le temps de crier :
« Rosalie, je ferai moi-même à l'avenir le lit de monsieur ! »

Et ça y est : vous n'avez plus qu'à ouvrir et à servir sur
un plateau de la grandeur de celui du Monument National !
(*Il ouvre la porte de la machine et presto ! les danseuses en sortent une
à une, au son de la musique. Elles forment ensuite une ligne, au milieu
de laquelle vient se placer Fridolin, pendant que le rideau se ferme
derrière eux.*)

Mesdames et messieurs, voici en chair et en os, les
Bonnes de la Victoire ! Vous admettrez que, pour une première brasse, ça aurait pu être pire ! Elles vont vous montrer
maintenant leur savoir-faire. Et, si ça vous plaît, mesdames,
vous pourrez à la fin du spectacle envoyer votre mari en
engager une ou deux à l'entrée des artistes !

*Fridolin s'éclipse, pendant que le rideau s'ouvre sur un petit décor
de cuisine. Les danseuses y évolueront, en mimant divers travaux de
ménage. Après quoi...*

RIDEAU

La fleur de Colombine

Distribution

COLOMBINE   Micheline Pétolas
LES ARLEQUINS   Muriel Glass
                               Sheila Barrie
LE PIERROT   Fridolin

À la reprise de 1946, Madeleine Provost et Muriel Guilbeault remplaçaient Micheline Pétolas et Fridolin.

Fridolin paraît à l'avant-scène et fait la présentation.

FRIDOLIN

Voici maintenant une histoire bien touchante : « La fleur de Colombine. »

Il a dit cette réplique au centre du plateau, puis vient, sur demi-pointes, jusqu'à l'extrême gauche de l'avant-scène, où il s'assoit sur le sol, dans l'obscurité relative, pour y réciter le reste du commentaire parlé.

L'orchestre attaque la musique du petit ballet, comme les feux brillants du projecteur viennent capter Colombine, qui paraît à droite, sur pointes, toute grâce et féminité.

Il était une fois, au pays des amours, une Colombine qui avait une fleur merveilleuse...

... une fleur unique au monde, dont on lui avait dit et répété qu'elle devait la garder jalousement comme son bien le plus précieux et que tous les Arlequins du monde voudraient la lui ravir.

Elle tient du bout des doigts une rose rouge, qu'elle contemple avec complaisance, puis ramène vers sa poitrine comme pour la protéger des regards et des touchers vulgaires.

À tourner autour d'elle, ils étaient trois surtout : le premier était richissime, le deuxième rayonnant de beauté et l'autre génial.

Quand elle a atteint le milieu de la scène, les trois Arlequins entrent en bondissant, l'un du fond, les deux autres de la gauche et de la droite, et viennent former un triangle à quelques pas d'elle. À tour de rôle, ils tâchent de l'éblouir par un solo rapide, que chacun finit en ployant le genou devant Colombine, pour ensuite dégager un peu vers l'arrière et faire place au suivant.

Et les trois Arlequins éprouvaient pour la fleur de Colombine un amour fou !

Le troisième ayant terminé sa giration, ils remettent ensemble genou en terre, le bras tendu vers la fleur tant convoitée.

Mais la belle était coquette et gardait sa fleur... Sa fleur dont elle n'hésitait jamais, cependant, à leur faire respirer le parfum troublant.

281

En effet, la coquette a soustrait pudiquement sa rose pour ensuite la leur passer à chacun sous le nez : ils se relèvent alors tour à tour, enivrés. Colombine continue d'évoluer au milieu d'eux, passant de l'un à l'autre et apportant des variantes à son geste ambivalent d'offrir puis de retirer sa précieuse fleur.

Et les soupirants s'affolaient, s'affolaient...

Les Arlequins s'enflamment, crescendo. Le mouvement de la danse atteint bientôt une fièvre que souligne la musique. Comme le cercle qu'ils forment autour d'elle se resserre de plus en plus, Colombine s'en évade et dégage, presto.

...Si bien qu'un soir il arriva ce qu'il fallait prévoir. Et ce fut le combat terrible, à finir et sans merci des trois rivaux totalement épris !

Comme elle leur a glissé entre les bras, les Arlequins se sont retrouvés face à face, l'oeil noir et le menton plein de défi. Ils reculent de trois pas en frappant du pied. Ensemble, ils dégainent leurs épées de bois, envoient un baiser à Colombine, puis se fendent d'un coup terrible, le premier embrochant le deuxième, celui-ci frappant le troisième, qui transperce le premier. Toujours ensemble, ils tombent à la renverse, formant un triangle inanimé.

Colombine, flattée jusque-là de ce combat royal autour de sa fleur, s'avance inquiète, se penche vers les Arlequins, puis agite sa rose au-dessus du nez de chacun d'eux successivement. Mais elle doit accepter la pénible évidence : ses trois soupirants, qui n'ont pas bougé d'un cil, se sont bien occis mutuellement.

Elle jette à sa rose un regard penaud, scrute l'horizon à la ronde, dans l'espoir que d'autres Arlequins surgissent. Mais non : personne ne vient ! Tristement, en tenant, du bout de ses doigts désabusés, sa pauvre fleur qui, maintenant, n'en mène pas large, elle se dirige, toujours sur pointes, vers l'ombre de la coulisse et disparaît, comme la musique meurt à l'orchestre.

Et c'est ainsi que Colombine dut garder pour elle, toujours, toujours, sa pauvre fleur unique au monde...

RIDEAU

Le chapeau

(monologue)

Fridolin entre, nerveux, un carton à chapeaux à la main, tirant derrière lui son habituelle chaise de cuisine jusqu'au centre de l'avant-scène. Il s'y assied, face au public.

FRIDOLIN

Aïe ! Je vous dis que je suis énervé, là, moi ! C'est la fête de ma mère demain, puis je viens de lui acheter un cadeau : un souffrance de beau cadeau ! Tenez, j'vais vous le montrer. (*Ouvrant le carton.*) Je pensais jamais que c'était le fun de même de faire un cadeau ! C'est vrai que j'ai pas pu en faire souvent avec un salaire comme celui que je gagne pas. (*Il sort du carton un chapeau voyant et surdécoré.*)

Pensez pas que c'est pas un amour ! C'est beau, de la beauté, pas vrai ? Ma mère sera pas chic avec ça, non ? Avec une splendeur comme celle-là sur la tête puis son beau manteau bleu avec un collet de poil brun sur le dos !

Elle a bien mérité ça, un beau cadeau de même... parce que depuis que je suis au monde qu'elle me lave, puis qu'elle me reprise, puis qu'elle me raccommode, puis qu'elle me nourrit ! Puis moi qu'est-ce que j'ai fait pour elle, hein ? À part lui courir ses commissions, puis lui laver son perron, puis

lui sasser ses cendres puis un tas d'autres services, rien p'en toute ! Oui, elle a été bonne pour moi, ma mère. Quand elle faisait du sucre à la crème ou du « divinity », c'était toujours à moi qu'elle laissait gratter le chaudron. Sans compter que je suis sûr qu'elle faisait exprès pour en laisser épais dans le fond puis autour. Avez-vous aimé ça, vous autres aussi, gratter le chaudron de sucre à la crème, quand vous étiez jeunes ? Moi, je peux le dire en toute franchise, ç'a été un des grands bonheurs de mon enfance.

C'est pas facile : faut même avoir le tour. Il faut que t'aies la patience d'attendre que le sucre soit assez dur... puis pas trop, d'un autre côté. Puis, là, tu tournailles le couteau puis tu vois tomber dans le fond les belles grenailles beige foncé. Puis tu lâches le couteau après une minute d'ouvrage puis tu t'en prends une bonne poignée. Ah, oui, c'est bien meilleur que le sucre à la crème en carrés ! Surtout quand t'arrives au fond... près du feu... où c'est que ça vous a un petit goût de tire brûlée qui est tellement bon que tu en viens le palais fou de plaisir ! C'est succulent ! Je sais que c'est un mot qui fait un peu Outremont, mais, là, c'est pas exagéré de l'employer. Un moment, t'es écoeuré, tu penses que t'aimeras plus jamais ça de ta vie : tu prends un grand verre d'eau... puis, aïe ! tu recommences comme jamais...

Oui, elle a été bonne pour moi, ma mère. J'étais le dernier de la famille, après six filles, ça fait que je pense bien qu'elle m'a gâté. J'avais six, sept ans puis elle me berçait encore le soir. Puis j'en ai-t-y pris, sans qu'elle me chicane, des poignées dans le gâteau ! Je les prenais par en dessous pour pas que ça paraisse, mais elle s'en apercevait toujours ! Les mères, vous savez, ça voit tout !

Ça fait que cette année, quand j'ai vu venir sa fête, je me suis dit : il faut que je lui fasse un cadeau. Il y a toujours des limites pour être un fils sans coeur ! D'abord, j'ai pensé que je pourrais lui acheter des... heu... pendentifs d'oreilles. Oui parce qu'elle a les trous tout percés dans le tympan. Même que quand j'étais petit je m'amusais à planter des toothpicks dedans. Mais j'ai pensé ensuite que ça ferait pas un cadeau assez gros : les petits cadeaux, me semble que ç'a pas l'air assez reconnaissant. Ça fait que c'est là que j'ai décidé de lui acheter un chapeau de toilette. D'abord paraît que les femmes, ça les rend bien heureuses de changer de chapeau. Moi je comprends pas pourquoi, parce que j'ai la même casquette depuis que j'étais assez petit qu'elle me tournait toute seule sur la tête quand je virais un coin un peu raide...

J'ai ramassé tout mon argent, pendant un mois. Puis aïe ! ça m'a forcé parce que, moi, une cenne rentrée, c'est une cenne sortie. Ah ! oui : je m'en confesse, je suis un grand dépensier. Mais ce qui m'a donné une grande chance, c'est la piastre que mon oncle Alcide m'a donnée quand je suis allé le voir au jour de l'An puis qu'il était chaud.

En tout, j'avais la rondelette somme de $1.42. Ça fait que je me suis reluqué un magasin sur la rue Sainte-Catherine — un magasin qui avait pas l'air trop voleur, tout en étant assez chic — puis j'ai entré... Aïe ! le coeur me toquait : des tapis d'un travers à l'autre puis des palmes dans des tinettes de beurre tout le long du magasin !

J'attendais, ma casquette à la main, quand je vois une fille qui arrive vers moi — une fille ou une femme, j'ai pas remarqué au juste — puis qui me met une cenne dans la main, en me disant : « Tiens, va-t'en maintenant ! » J'ai répondu : « Pardon, je viens pas ici en quêteux : je viens ici en client. Je voudrais un chapeau d'hiver pour ma mère. » Aïe ! vous auriez dû voir l'effet que j'ai produit ! Le temps de le dire, y avait cinq belles filles autour de moi pour me servir, le sourire fendu jusqu'aux oreilles.

Elles m'ont fait faire le tour du magasin : il y avait des chapeaux un peu partout, plantés sur des espèces de tisonniers à l'envers. Mais ça faisait pas : c'était tous des chapeaux chenus, avec presque rien dessus. Et puis chers, par-dessus le marché. Je me disais, de par-devers moi : c'est-y effrayant, voler le monde comme ça !

Quand v'là-t-y pas qu'une vendeuse s'amène avec celui-là, dans le fond d'une boîte : tout de suite, mon coeur a eu un coup de foudre ! Ah oui, parce que, moi, j'ai toujours été vite en affaires ! Par exemple, j'ai jamais été capable de sucer une paparmane jusqu'au bout : faut que je la croque puis que j'aille voir au fond ce qu'il y a dedans ! Ça fait que, pour en revenir au chapeau, j'ai dit : « Il est-y neuf, ou de seconde main ? » Là, elle m'a expliqué que, ce chapeau-là, il avait été fait sur mesure il y a quelques années pour la femme d'un échevin, juste la semaine de l'élection. Mais, comme son mari a perdu son dépôt, elle est pas venue le chercher...

Mais j'ai eu peur pour un moment. J'ai pensé : « Je vas-t-y être capable de l'acheter ? Tout d'un coup, ça serait un chapeau dans les trois, quatre piastres ! » Ça fait que j'ai demandé : « Combien ce chapeau-là, qui est pas si beau que ça après tout ? » Malgré que dans le fond, j'en étais malade ! Elle répond : « Euh ! Je sais pas... On n'espérait plus le vendre. » J'ai dit : « Pourriez-vous me donner une idée axipromative ? » Elle me demande : « Combien seriez-vous prêt à dépenser, cher monsieur ? » J'ai répliqué : « Moi, franchement pour un chapeau d'hiver qui ferait mon affaire sur toute la ligne, j'irais jusqu'à $1.22. Mais pas de marchandage : je mettrai pas une cenne noire de plus ! » Oui, parce que je voulais me garder trente sous pour un sundae. Elle me lance : « Cher monsieur, pour ce prix-là, le chapeau est à vous ! »

Là, j'ai pensé vite, en me disant : « Tiens, c'est pas ni ci, ni ça, au bonhomme, le souffrance de sundae ! » J'ai mis tout mon argent au grand complet dans les mains de la vendeuse, à condition que, pour la différence, elle me mette encore trois, quatre autres ornements. Oui, parce qu'il y avait rien que ces deux fleurs-là comme décoration. Et puis, franchement, tel quel, je trouvais que le chapeau avait l'air chiche. Ça fait que là, elles ont fouillé dans leurs tiroirs, puis elles ont ajouté ça. Moi, j'aurais voulu des oiseaux ou des grappes de raisins, mais c'est tout ce qu'elles avaient. Mais, là, il est chic en souffrance !

Je l'ai essayé, comme de raison, pour voir si c'était le bon point. Parce que, moi, j'ai la même entrée de tête que ma mère. Même que, souvent, elle met ma casquette, pour aller étendre son linge. Tenez : la preuve ! Il me va comme une paire de gants ! (*Il se le met sur la tête puis l'enlève et le replace dans son carton.*) Je l'ai fait mettre dans une boîte à chapeaux pour qu'il paraisse mieux. Ah ! oui, parlez-moi pas des cadeaux juste dans un papier avec une corde de « store » autour ! C'est comme quand mon père m'arrivait à la maison avec une paire de running-shoes neufs pas de boîte... Me semblait toujours que j'avais dans les pieds des affaires de seconde main.

Bon ! Eh bien, excusez-moi si je m'en vais : je serai pas tranquille tant que je serai pas rendu à la maison avec. Je vais rentrer par en arrière, puis je vais le cacher dans le hangar, parce que, dans la maison, avec m'man qui fouille toujours partout, elle tomberait tout de suite le nez dessus !

Et puis demain soir, au beau milieu du souper, j'vais arriver puis j'vais lui mettre ça dans son assiette sur le coin de la table... Oui, parce que m'man, elle est tellement occupée aux repas qu'elle mange toujours sur le coin de la table, près du poêle.

Moi, je suis pas mal sûr qu'elle va se mettre à brailler, comme elle fait toujours, quand elle est contente ! Puis j'vais l'embrasser, même si ça me gêne... Ah ! oui, parce que, nous autres, on est une famille comme ça : on doit s'aimer autant que les autres, mais... on se le dit jamais, puis on s'embrasse rien qu'au jour de l'An. Ça doit être une question d'habitude : il paraît qu'il y a des familles — chez Gugusse, par exemple — où ça s'embrasse puis ça se liche du matin jusqu'au soir puis d'un bout à l'autre de la maison...

C'est la première fois que je me dépoche à sec pour une femme, puis je suis ben content que ça soit pour ma mère. Parce que c'est dangereux, faire des gros cadeaux à n'importe qui : on s'attache. Par exemple, un gars sort avec une fille juste pour tuer le temps. Les Fêtes s'en viennent : pendant tout le mois de décembre, la fille lui demande l'heure à toutes les dix minutes qu'ils sont ensemble. Le gars se tanne de lui dire l'heure puis décide de lui acheter une montre de dix piastres ; mais le bijoutier lui fait comprendre qu'un gars bien élevé puis distingué comme lui devrait jamais donner une montre de dix piastres... puis il réussit à lui en vendre une avec un diamant sur la queue ! Puis la fille chiale sur la cravate du gars en la recevant, puis toute la famille dit : « Qu'il est donc blod, le futur beau-frère ! » Puis le gars se gourme... puis la première nouvelle, ils sont assis ensemble dans un taxi, puis leurs parents leur garrochent des confetti dans la figure !

Je vas m'en aller... (*Une terreur lui traversant la tête.*) Aïe, tout d'un coup, elle l'aimerait pas, ma mère ! Ah ! non... J'aime autant pas penser à ça, parce que j'ai... comme si le coeur me décrochait puis venait me retontir sur la rate !... D'ailleurs, ma mère, elle a trop de goût pour pas l'aimer. Non, faut qu'elle le mette puis qu'elle sorte avec moi, dimanche. Je vais te la promener chez tous mes oncles, pour qu'elle leur montre qu'elle est capable d'être chic, elle aussi !

Ça me fait chaud au coeur de me sentir un fils exemplaire comme ça. On est donc bien quand on se pense bon, hein ? Euh... je veux dire : quand on *est* bon. Je vais le lui donner, le chapeau, à une condition par exemple. Je ferais pas voir que c'est pour ça, mais je m'arrangerai finement pour lui faire comprendre que, si elle veut que je lui en achète souvent des cadeaux, qu'elle prenne donc pas de pensionnaires !

Moi, s'il y a une chose qui me tombe sur les nerfs, c'est des chambreurs dans la maison. Moi, ça me fend la face ! On n'est plus chez nous. T'as de la visite un beau soir... Ça a du

291

fun à partir du salon jusque dans le fond de la cuisine. Tout d'un coup, flac ! la visite se fige : le chambreur passe pour se rendre à la toilette... avec sa brosse à dents puis un verre pour faire tremper son dentier !

Il en est venu un chambreur, hier, supplier m'man pour le prendre, puis elle lui a fait visiter ma chambre. Ma chambre que je l'ai seulement depuis un mois... quand ma sœur est partie travailler à Sorel. Ça fait que je sais ben ce qui va arriver, si elle prend un chambreur : je vais retourner passer mes nuits sur le sofa. Et puis, s'il arrive de la visite, il faudra que je me contente du bain ! Avez-vous déjà couché dans le bain, vous autres ? Eh bien, moi, sans blague, ça m'est déjà arrivé un bon trois semaines, vers l'âge de sept ans, quand mon oncle Elzéar était venu avec sa trâlée. Je comprends qu'on a un bain oversize, mais, quand même, ça a rien de réjouissant. Ah ! d'accord : pas de danger que tu tombes à terre. Mais, souffrance ! ça fait pas une demi-heure que t'es couché que t'as tout le drap d'en dessous roulé comme un câble... puis la cuisse t'arrive tranquillement sur le fond du bain, fret comme un glaçon ! Sans compter la goutte qui te tombe sur les orteils à chaque fois que tu t'étires...

En tout cas, si ce chapeau-là règle pas la question, je pars de la maison puis je me marie. Et puis ça m'étonnerait bien gros si Azelma était plus froide que le bain !

Il sort avec son carton en traînant sa chaise.

Et ils furent heureux

Distribution

AURORE   Juliette Huot
THÉODORE   Clément Latour
LA TANTE CLARA   Juliette Béliveau
LE PÈRE D'AURORE   J.-R. Tremblay

Créé en 1944, le sketch a été repris en 1946, pour la « Revue des revues », avec la même distribution. Des photos des deux années illustrent ce texte.

Décor

Petite cuisine de nouveaux mariés. Tout est à peu près neuf, mais de qualité douteuse. Sur le plan gauche, un sofa avec, au premier plan, une table de bout et un poste de radio. Au fond, de gauche à droite : une fenêtre et la porte extérieure, l'évier surmonté d'une armoire. Sur le plan droit, une cuisinière à gaz avec, au premier plan, la porte d'une chambre à coucher. À l'avant-scène gauche, une berceuse. Au centre, une petite table de cuisine, flanquée de chaises. Traversant la scène et se croisant, deux cordes à linge, sur lesquelles sèchent un petit lavage de couches, un sous-vêtement d'hiver à Théodore, etc.

Au lever du rideau, Aurore retire de la corde à linge celles des couches qui sont sèches et les plie. Théodore, assis dans la berceuse à l'avant-scène gauche, en savates et en bras de chemise, berce un poupon emmailloté auquel il donne le biberon. La radio gueule une chanson d'amour, au romanesque populaire surchauffé.

AURORE

(*À Théodore, tout en pliant les couches.*) Ferme donc ça, ces saudites folies-là !

THÉODORE

(*Boudeur.*) Ben quoi ? Ils ont ben le droit de se le dire, s'ils s'aiment, eux autres !

AURORE

Si t'as rien que ça de fin à radoter, toi aussi, tu peux ben continuer à te taire. (*Elle va fermer le poste.*)

THÉODORE

O.K ! J'vas me taire... d'autant plus que j'avais promis que je parlerais plus à soir.

AURORE

C'est ça... Puis ça fera pas de tort : depuis que t'es rentré dans la maison que t'arrêtes pas de picosser à propos de tout puis à propos de rien !

THÉODORE

Je picosse pas plus que tu picosses... Si tu penses que t'as l'air ben avenante, toi non plus.

AURORE

Si j'ai pas l'air d'une rose fraîche coupée, c'est peut-être parce que le petit a braillé toute la nuit passée puis que j'ai été obligée de le bercer jusqu'à quatre heures du matin pendant que tu ronflais de ton bord !

THÉODORE

Je me suis levé à deux heures, moi aussi, pour te préparer de l'eau bouillie...

AURORE

C'était ben le moins !

THÉODORE

Quand même j'aurais dormi un peu : j'ai pas la chance, comme toi, de me recoucher dans la journée, moi.

AURORE

(*Piquée.*) Ouais ? Ben si tu penses que j'ai le temps de m'étirer les flancs, avec un petit sur les bras, puis cinq-z-appartements à entretenir, tu te trompes un peu rare !

THÉODORE

En tout cas, le petit, je sais ben pourquoi qu'il braille la nuitte.

AURORE

Dis-le donc, si t'es plus fin que le docteur ?

THÉODORE

Pour moi, c'est mal aux oreilles qu'il a. Avec ces dormages au beau fret que tu lui fais faire pendant des heures sur le balcon...

AURORE

Tu sauras, mon cher, que je suis pas toute seule à le faire.

THÉODORE

En tout cas, m'man l'a dit, que c'était peut-être dangereux.

AURORE

Ôte ta mère de là-dedans, toi : ta mère, elle a fait ce qu'elle a voulu avec les siens !

THÉODORE

N'empêche qu'elle nous a pas si mal réussis que ça.

296

AURORE

Ben ça t'aurait peut-être pas fait de tort, si elle t'avait fait aérer les méninges de temps en temps ! Puis encore une fois, ta mère, je m'occupe pas de ses oignons : qu'elle laisse les miens tranquilles. Ou ben ça va fesser dur !

THÉODORE

(*Qui s'est levé, avec le petit dans les bras, et vient déposer sur la table le biberon vide.*) T'es ben prime quand il s'agit de m'man... Mais ça te dérange pas tant que ça, quand c'est chez vous, par exemple, qui se fourrent le nez dans nos affaires : à commencer par ta tante Clara, qui est toujours rendue icitte. (*Il va coucher le petit dans la chambre.*)

AURORE

(*Élevant la voix pour qu'il l'entende par la porte restée ouverte.*) Ben, tu sauras, mon cher, que chez nous, ils ont des raisons, pour ça... Parce qu'ils restent en bas, puis que le propriétaire du bloc, c'est p'pa, puis qu'on lui paye le loyer rien que quand on a le temps ! Puis ma tante Clara, elle est peut-être ben parlante puis ben achalante des fois, mais tu trouves ça ben commode, par exemple, quand on va veiller chez ton père, le dimanche, qu'on la fasse monter pour garder le petit, au lieu de s'arracher les bras à le trimbaler dans les petits chars.

THÉODORE

(*Revenu dans la cuisine.*) De leur côté, elles sont ben contentes de t'avoir, ta mère puis ta tante, pour leur faire leurs manteaux puis leurs robes, toi qu'as déjà travaillé dans la couture.

AURORE

C'est moi qui ai le trouble, c'est pas toi.

THÉODORE

N'empêche que ça fend la face d'un homme quand il arrive dans sa maison le soir, ben fatigué puis l'estomac sur les talons, puis qu'il trouve le souper pas fait, puis la cuisine pleine de femmes en train de se tailler des patrons sur la table.

AURORE

Fais donc pas voir que c'est tout le temps de même : c'est arrivé *une* fois, espèce de renoteux.

THÉODORE
Quand c'est pas ça, c'est une autre affaire.

AURORE
(*Se plantant devant lui.*) Écoute, Thodore Robidoux : tu vas me dire une fois pour toutes ce que t'as à avoir la face raide comme une barre, dans la maison depuis quèque temps... puis à bourasser, puis à critiquer sur toute. Parce que moi, ton boudin, je commence à en avoir plein le dos !

THÉODORE
Si je suis pas dans mon assiette, tu pourrais peut-être te demander si j'ai pas mes raisons pour ça.

AURORE
Ben si t'as une crotte sur le coeur, sors-la !

THÉODORE
(*Avec un sous-entendu de derrière la tête.*) Si t'aimes ça tant que ça, avoir un homme gai dans la maison, t'as rien qu'à faire pour que je le soye...

AURORE
(*Comprenant tout.*) Ah, c'est ça, le bobo ? Ben, pour encore un bout de temps, tu fais mieux de t'arranger pour être gai sans ça. Parce que ça fait juste un an qu'on est mariés,

puis le petit a trois mois, puis j'aimerais ben qu'il reste fils unique pour encore quèque temps !

THÉODORE

Il est pas question de ça, p'en toute.

AURORE

Ah non ! Il est jamais question de ça, d'après toi : je les connais, ces attrapes-là !

THÉODORE

Tu te fais toujours des montagnes avec rien.

AURORE

Parlons-en, de montagnes, ouais...

THÉODORE

À t'entendre parler, on dirait que tu savais pas ce qui t'attendait en te mariant.

AURORE

Je le savais... mais je pensais par que, l'amour, ça faisait autant de couches que ça à laver, par exemple ! Puis, à propos de lavages : avant de remplir la maison d'enfants, commence donc par m'acheter la machine à laver que tu devais toujours me donner comme cadeau de noces ; tu te presses pas tant, toi, pour me donner ce que je te demande.

THÉODORE

Écoute, Aurore, je te l'ai déjà dit : ils ont arrêté d'en faire ! T'es toujours pas pour me tenir avec ça jusqu'à la fin de la guerre : ils ont arrêté d'en faire. Les manufactures sont fermées.

AURORE

Ben si les manufactures sont fermées, la mienne aussi ! (*Elle a fini de plier ses couches et commence à préparer le lunch de Théodore. Boîte à lunch et thermos qu'elle emplira de thé, à même la théière sur la cuisinière, etc.*)

THÉODORE

Si on dirait pas que je te demande la lune. Je trouve que j'ai été ben raisonnable avec toi, moi. Malgré que tu manques jamais la chance, devant le monde, d'insinuer qu'avec moi, c'est toujours trop souvent.

AURORE

Oui, mon cher : trop souvent, puis pas assez longtemps.

THÉODORE

(Qui n'a pas inventé le fil à couper le beurre de « peanut ».) Que c'est que tu veux dire ?

Coups à la porte de dehors, qui s'ouvre pour laisser entrer la tante Clara, une veste de laine sur la tête. Elle porte un petit bol à la main.

LA TANTE

(Elle vient directement s'asseoir sur une chaise, près de la table et se fera aller la parlote comme un moulin à café, autant pour elle-même que pour les autres.) Bonsoir, Aurore... je t'apporte un peu de tête en fromage qu'on a faite aujourd'hui, ta mère puis moi. J'ai dit : ça va me donner la chance d'aller faire un tour en haut, voir si c'est aussi plate qu'en bas. Ah, ma petite fille, que c'est donc tranquille à soir en bas ! C'est tranquille, que c'en est énervant ! Ta mère, c'est du ben bon monde, c'est ma soeur, mais, Jésus-Marie ! elle radote toujours les mêmes litanies. Ton frère, lui, il est dans la maison rien que le samedi soir, quand il rentre se laver puis qu'il laisse sa couche de crasse tout le tour du bain. Quant à ton père, ça arrive le soir puis faudrait lui écartiller les deux dentiers puis lui faire aller la langue nous autres mêmes pour qu'il parle. Ah ! puis moi, ça me tombe assez sur les « narfs » le silence : je pourrais crier ! Quand ça me force trop, je parle tout seule, mais ça vient plate à la longue. *(À Théodore et à Aurore, qui ont continué,*

lui de se bercer, les bras croisés, elle de préparer le lunch.) Vous avez l'air ben bête tous les deux, vous autres aussi : je vous ai pas dérangés en train de vous chamailler, toujours ?

AURORE

Ah ! non : Thodore avait pas encore sorti son fusil.

THÉODORE

(*À Aurore, entre ses dents.*) Tiens !... Encore une de tes allusions plates ! (*Il se lève et sort à droite.*)

LA TANTE

Le petit dort-y ?

AURORE

Ouais, il dort... puis réveillez-le pas !

LA TANTE

(*Se levant.*) Je vais juste aller voir s'il est ben abrillé. (*Elle entre dans la chambre.*)

AURORE

Écoutez, ma tante : le petit, il est ben là, dans son carrosse, laissez-le tranquille. Je veux pas vous voir arriver avec ! (*Pleurs de bébé vite consolé dans la chambre.*)

AURORE

Bon, me semblait !

LA TANTE

(*Rentrant, le bébé dans ses bras. Avec un zézaiement enfantin.*) Pauvre petit chien-chien : il braillait tout seul dans son 'tit coin-coin.

AURORE

Ma tante, c'est ben de valeur mais, le petit, vous le prenez un peu trop depuis quèque temps : vous êtes après le gâter sans bon sens.

LA TANTE

Va donc t'assir, toi.

AURORE

Hier, vous l'avez eu dans les bras tout l'après-midi.

LA TANTE

Ben, si tu penses, ma petite fille, qu'on va avoir rien qu'un petit dans la famille puis qu'on le prendra pas un peu de temps en temps, tu te trompes : c'est pas un bâton de dynamite, c't enfant-là.

AURORE

C'est pas à vous qu'il braille dans les oreilles toute la nuit, par exemple !

LA TANTE

S'il braille la nuitte, je te l'ai déjà dit : c'est ben simple, fais-y faire trois culbutes, le matin à jeun. Il est reviré, c't enfant-là. Il prend la nuitte pour le jour. (*Elle est allée à la table enlever la tétine sur le biberon et la donne au petit.*)

AURORE

Puis donnez-y pas de suce : je veux pas qu'il prenne cette accoutumance-là.

LA TANTE

Ben voyons, toi : pour voir s'il y a moyen d'élever un enfant pas de suce !

AURORE

Paraît que ça déforme la bouche.

LA TANTE

Va donc t'escouer, toi : t'as sucé la tienne jusqu'à cinq ans et demi, puis t'as pas la binette plus sur le travers qu'un autre pour tout ça ! (*Elle est revenue s'asseoir et berce le petit.*) Priver un beau petit chou de même de sa suce ! Aussi ben le mettre dans une garderie, si vous voulez qu'il crève tout de suite.

Théodore entre de droite et traverse la scène, sa casquette sur la tête et le col de son manteau relevé sur les oreilles.

AURORE

Où c'est que tu vas, toi ?

THÉODORE

(*Grognant.*) Je m'en vas prendre une marche : faut que je me fatigue d'une manière ou d'une autre avant de dormir. (*Il sort à gauche.*)

LA TANTE

Il a l'air ben raide, lui, à soir ?

AURORE

(*Pour elle-même.*) Raide ? Vous l'avez dit.

LA TANTE

(*Fouinant.*) Je pense que ça marche sur des roulettes carrées, entre vous deux, hein ?

AURORE

(*Sur ses gardes.*) Ouais ?

LA TANTE

Ah, je le savais ! J'aurais mis ma main au feu que ça irait pas dans le ménage, quand je vous ai vus vous marier. Même que le matin de vos noces, en disant mon chapelet pour vous deux, j'ai dit : « Mon Dieu, vous le savez mieux que moi, mais ça me surprendrait ben gros, si ça fitait, eux autres ! »

AURORE

(*Avec humeur.*) Ben, exagérez pas, vous, hein : je suis pas si malheureuse que ça.

LA TANTE

Malheureuse ? Pauvre enfant, essaye donc pas de détromper ta pauvre tante qui voit clair ! T'es malheureuse, ma petite fille : ça crève les yeux. Y a rien que toi qui t'en aperçois pas !

AURORE

Envoyez fort ! Vous avez pas un câble, que je me pende ? En tout cas, allez pas faire de racontars chez nous avec ça, vous : j'ai pas envie que p'pa puis m'man s'énervent pour rien.

LA TANTE

Ben voyons, tu sais que je suis plus intelligente que ça ! Seulement, si t'as quèque conseil à me demander pour t'aider dans ton malheur, envoye : je suis pas ta mère, moi, je suis ta tante. On est gêné, des fois, avec sa mère. Sois à l'aise avec moi, ma petite fille. J'en ai pas couru grand, mais j'ai ben regardé par-dessus la clôture, par exemple ! Des fois, tu sais, ça prend pas une grosse affaire pour tout arranger

303

dans un ménage : j'écoutais justement, l'autre soir, au radio, le cas d'une pauvre petite femme que ça marchait pas avec son mari ; elle, son problème, c'était la transpiration. Heureusement qu'elle a eu l'idée de se laver avec le savon...

AURORE

(*S'arrêtant, vexée.*) Ben, je vous demande infiniment pardon : j'ai pas besoin de ça !

LA TANTE

(*Après un léger temps.*) C'est-y... la grande question qui... marche pas ?

AURORE

Elle marche en masse... Même un peu trop !

LA TANTE

(*Se lance à se bercer, les pommettes rouges.*) Dis pas ça, ma petite fille, dis pas ça ! Si le bon Dieu t'entendait ! Non. Sur c'te question-là, je suis pas prête à te donner raison. Si tu savais que c'que t'as, ça fait depuis l'âge de vingt-cinq ans que je désespère de plus en plus de jamais l'avoir ! Non, ma petite fille : quand une femme a la chance d'avoir à sa disposition un homme... plein de bonne volonté, elle est mieux de pas trop lever le nez dessus. Quand on a le bonheur à portée de la main, on a ben tort de pas le prendre.

Coups frappés à la porte extérieure, qui s'ouvre. Entre le père, un bidon de fer-blanc à la main.

AURORE

(*Qui s'est retournée.*) Bonsoir, p'pa !

LE PÈRE

Bonsoir, Aurore. (*Indifférent.*) Thodore est-y sorti ?

AURORE

Il est allé prendre une marche.

LA TANTE

(*Après un petit coup d'oeil en coin du côté d'Aurore.*) Il dit qu'il est allé se fatiguer avant de dormir.

AURORE

Il va revenir, ce sera pas long.

LE PÈRE

Ah... j'ai pas affaire à lui plus que ça. (*Il s'est laissé tomber sur une chaise.*) Ta mère m'a dit que tu voulais avoir du sirop d'érable...

AURORE

Justement, oui.

LE PÈRE

Ça fait que je t'en ai acheté un gallon su' un habitant, en passant à Sainte-Dorothée, après-midi.

AURORE

Vous êtes ben smart. Je vas aller chercher ma sacoche.

LE PÈRE

Bah ! Ça presse pas : t'arrangeras ça avec ta mère. Seulement, si t'avais une canisse vide, par exemple, je lui relaisserais ça demain en passant, parce qu'il me l'a chargée cinquante cents.

AURORE

Je vas aller vous en chercher une dans le hangar. Ça va prendre une seconde... (*Elle jette sur sa tête la petite veste de laine que la tante a déposée sur le divan en entrant et sort par le fond.*)

LA TANTE

(*S'assure vivement qu'elle est partie, puis, vipère.*) Osias...

LE PÈRE

Quoi ?

LA TANTE

Ça va mal, eux autres, tu sais.

LE PÈRE

Qui ça, eux autres ?

LA TANTE

Aurore puis lui. Ça va ben mal dans le ménage : ça se tire aux cheveux !

LE PÈRE

(*Qui en a entendu bien d'autres.*) Ouais ?

LA TANTE

Elle a braillé sur mon épaule, tantôt.

LE PÈRE

Aurore, brailler ? Ce serait ben la fin du monde.

LA TANTE

Quand je te le dis ! Tu penses pas qu'on serait mieux de s'en mêler, avant qu'il soye trop tard ?

LE PÈRE

Écoute, Clara, « run » donc ta petite affaire, puis laisse donc les autres conduire leur barouette tranquilles, hein ?

LA TANTE

(*Dépitée.*) Comme tu voudras, espèce de père sans coeur puis aveugle ! Mais si leur chaloupe coule puis renfonce un beau jour, venez pas me dire que je vous avais pas mis le nez sur le trou, par exemple. (*Elle se lève et va porter le petit dans la chambre.*)

AURORE

(*Rentrant de dehors un bidon un peu rouillé à la main.*) Tenez, celle-là va-t-y faire ? Elle est un peu rouillée, mais j'en trouve pas d'autres.

LE PÈRE

Ah, ça va faire ! Avec les restrictions de guerre, ils sont pas difficiles sur le fer-blanc, par le temps qui court. (*Il se lève en bâillant.*) Si tu veux rentrer à la maison à soir, Clara, tu fais mieux de descendre, parce que nous autres, on se couche, puis on barre la porte. (*Sortant.*) Bonsoir, Aurore.

AURORE

Bonsoir, p'pa : vous direz bonsoir à m'man.

LA TANTE

(*Qui grommelle, en se levant elle aussi.*) On sait ben : ça parle rien que de dormir dans c'maison-là. (*Se préparant à sortir.*) Ça a pas aussitôt avalé la dernière bouchée du souper, que ça s'écrase sur le spring. (*S'approchant d'Aurore, elle lui glisse dans l'oreille.*) Oublie pas ce que je t'ai dit, tantôt, ma petite fille...

AURORE

(*Sur les dents.*) Ouais, ouais !

LA TANTE

... Quand on retarde trop de boire son lait, on le boit sur.

AURORE

Ben s'il est sur, on fera du fromage avec !

LA TANTE

(*Dépitée, elle bougonne.*) C'est correct, ma petite fille, c'est correct, mais tu t'arrangeras avec tes troubles ! (*Elle sort.*)

*Aurore s'est assise près de la table et reprise un « corps d'hiver »
à Théodore. Lui entre de gauche, avec à la main deux sacs de papier et
une grosse bouteille de « liqueur douce ». Il dépose son manteau et sa
casquette sur le sofa et vient placer un des sacs presque sous le nez d'Aurore.*

AURORE

(Intéressée malgré elle, mais tenant à continuer son boudin.)
Que c'est que t'as là-dedans ?

THÉODORE

(Vidant, pour la tenter, le sac sur la table à côté d'elle.) Rien
que des affaires que t'aimes : des O'Henry, des fouets de
réglisse, des honeymoons...

AURORE

(Entre ses dents.) Lâche-moi les honeymoons ! *(Il va prendre
dans l'armoire deux verres fleuris, genre prime d'achat, trouve l'ouvre-
bouteilles dans le tiroir aux couteaux et emplit les deux verres.)* As-tu
pris l'argent dans l'armoire ?

THÉODORE

(Plaçant un des verres sur la table près d'elle.) Non : j'ai pris
ça su mon deux piastres. *(Magnanime.)* Je fumerai moins c'tte
semaine, c'est toute. *(Il est allé chercher un petit chaudron dans le
fourneau de la cuisinière.)*

AURORE

Que c'est que t'as dans l'autre sac ?

308

THÉODORE

J'ai réussi à me mettre la main sur une livre de peanuts. (*Il s'est assis à droite de la table et s'« écale des peanuts », le crachoir entre les deux pieds. Après un temps, tout en croquant une couple d'arachides.*) On a beau se plaindre des fois, y a encore des bonnes affaires, dans la vie. (*Il lui jette un regard oblique. Elle, malgré sa bouderie, mange un fouet de réglisse et continue son reprisage sans répondre.*)

THÉODORE

(*Rêveur, avec une idée derrière la tête.*) Ouais... un an à soir, puis on se mariait demain matin ! (*Elle ne répond pas.*) N'empêche que, ce matin-là, t'avais l'air fine en pas pour rire, dans ta belle robe rose puis ton voile. (*Reniflement d'Aurore. Lui, qui guettait son effet.*) Que c'est que t'as à brailler ?

AURORE

(*Prise en défaut.*) Je braille pas... (*Avec un petit coup de tête sarcastique.*) Seulement, si j'avais l'air fine ce matin-là, ça devait être pour la dernière fois.

309

THÉODORE

Que c'est que tu veux dire ? (*Ils s'est levé et vient vers elle.*)

AURORE

Laisse faire, ce que je veux dire.

THÉODORE

Aïe, Aurore, y a pas de laisse faire... (*Il s'assied sur la berceuse et l'attire sur ses genoux. Elle se laisse faire, en tirant un peu de l'arrière.*) Que c'est qu'y a ? (*Suppliant.*) Parle donc.

AURORE

(*Le menton en l'air.*) Y a que, depuis un an qu'on est mariés, t'as pas gaspillé grand-salive à me faire des compliments.

THÉODORE

(*Se berçant, perdu, à contretemps avec elle qui se tient sur ses genoux.*) Je pensais que tu le savais, que je t'aimais.

AURORE

(*Amère.*) Ouais... puis tu me l'avais déjà demandé ben des fois si je t'aimais, toi aussi, avant qu'on se marie. N'empêche qu'on n'était pas capables d'aller aux vues une seule fois, sans que tu me prennes les doigts à toutes les trois minutes, puis que tu me dises : « M'aimes-tu ? » Tellement, qu'avec ces roucoulages-là, y avait jamais moyen de comprendre une câline d'histoire.

THÉODORE

(*Obtus.*) Oui, mais à c'tt'heure, on est mariés. Puis si tu m'as marié, c'est parce que tu m'aimais, puis moi aussi...

AURORE

O.K. ! C'est correct : on est mariés. On est comme deux cornichons dans le vinaigre, puis le cap est vissé ben dur, puis y a pas de danger qu'on pourrisse !

THÉODORE

Moi, je te le disais pas que je t'aimais, c'était pour pas t'achaler.

AURORE

T'as pas besoin d'avoir peur d'achaler une femme avec ça !

THÉODORE

(*Un peu mortifié, à son tour.*) Je vous comprends pas, vous autres, les femmes...

AURORE

T'as pas besoin de le dire, c'est clair !

THÉODORE

Laisse-moi parler à mon tour. Je te comprends pas. Que c'est que t'as à me reprocher, câline ? Me semble que je fais ben tout mon possible pour te rendre heureuse. Je bois-t-y ? Je joue-t-y aux cartes ? Je couraille-t-y ?

AURORE

Il manquerait plus rien que ça.

THÉODORE

Ben quoi ? Ça se fait ! Puis sitôt le sifflet de la shop sonné, je prends le petit char puis je retontis à la maison. Puis je t'apporte ma paye toute ronde, même que c'est toi qui me donnes ce qu'il faut pour mes billets de chars puis mes rouleuses. Puis je te porte tes paquets pour ton marché tous les samedis soir. Puis, le dimanche matin, je promène le petit en carrosse, pour te donner une chance d'aller à la messe... puis je vois pas c'que je pourrais faire de plus. Mais t'es pas encore contente !

AURORE

Il est pas question de ça, p'en toute.

THÉODORE

Tu veux dire... l'autre affaire ? Là-dedans aussi, me semble que je fais ben mon possible. D'accord, je te le dis peut-être plus autant qu'avant que t'es à mon goût puis que je t'aime. Mais, câline ! je te le prouve aussi souvent que tu veux ben m'en laisser la chance.

AURORE

Ben, dis-moi-le un peu, en me le prouvant... si t'as pas peur de te couper le respir.

THÉODORE

Que c'est que tu veux dire ?

AURORE

(*Poursuit son idée.*) Les petits mots doux puis les caresses de fantaisie, c'est pas nécessaire d'ôter ça en se déshabillant, le soir des noces, puis de pitcher ça par la fenêtre à tout jamais : ça peut servir encore, tu sais.

THÉODORE

Ben, c'est ben moi qui pensais que ça te faisait tant de différence que ça, trois, quatre petits mots de plus ou de moins...

AURORE

Écoute, Thodore : si je t'arrivais demain soir, avec des patates fades pour le souper, tu me demanderais du sel pour mettre dessus, hein ? Pourtant, ça nourrit pas, trois, quatre petits grains de sel... mais ça aide à faire avaler les patates, par exemple !

THÉODORE

Où c'est que tu veux en venir, toi, avec tes patates ?

AURORE

En tout cas, prends ton temps. Penses-y pendant une couple de semaines... puis tu vas peut-être saisir ce que je veux dire.

THÉODORE

Écoute, Aurore, parle donc clairement : tu sais que je suis pas fort sur les paroboles, moi.

AURORE

O.K. d'abord, je vas te faire un dessin. Quand t'arrives le soir, puis que tu me contes, sur le long puis sur le large, comment tu l'as bouché, le foreman, à la shop. Qu'il t'a dit que t'étais pas assez vite sur la machine, mais que, toi, tu y as répondu, drette de même : « Si je fais pas votre affaire, eh ben ! » T'aimes ça, dans ce temps-là, que je te dise : « Aïe ! je te dis que tu l'as rembarré, là, toi ! » Puis que tu te gourmes, puis que tu me débites pendant une demi-heure ce que tu vas lui dire de plus, la prochaine fois... T'aimes ça que je t'écoute, la bouche ouverte, dans ce temps-là. Puis t'es pas fâché que je t'envoye trois, quatre petits coups d'encensoir sous le nez, pour finir, hein ?

THÉODORE

Ouais... Où c'est que tu t'en viens, là ?

AURORE

Je m'en viens que, si vous aimez ça, vous autres, les hommes, vous faire dire que vous êtes fins, ben nous autres aussi on aime ça, les femmes, se faire dire qu'on est belles.

THÉODORE

Écoute, Aurore : je sais ben que t'es assez intelligente que tu me croirais pas, si je te disais que tu ressembles à Greta Garbo...

AURORE

(*Qui va pour se lever.*) Hé, que t'es plate, Thodore Robidoux !

THÉODORE

(*La retenant, malheureux.*) Attends un peu, Aurore : choque-toi pas... Si tu veux que je te le dise que t'es belle, O.K.... moi, je demande pas mieux.

AURORE

Si je suis obligée de te tourmenter, ça sera pas ben ben affolant !

THÉODORE

T'auras pas besoin de me tourmenter... C'est vrai que je te trouve belle : t'es belle... à ta manière, mais t'es belle.

AURORE

(*Raide.*) Force-toi pas : tu vas te donner une hernie.

THÉODORE

Je me force pas p'en toute ! Seulement, moi, tu le sais, puis tu le savais en me mariant, je suis pas un faiseux de phrases. Mais c'est pas que j'aimerais pas ça en savoir. Je suis à peu près comme un gars qui se trouverait au milieu d'un bunch de Blokes, puis qui saurait pas un saudit mot d'anglais : pour se faire comprendre, il parlerait par signes. Ben, moi aussi, avec toi, je parlais par signes, puis je pensais que tu me comprenais.

AURORE

Apprends l'anglais, ce sera plus sûr !

THÉODORE

(*Continuant son plaidoyer.*) Tu le sais, que je t'aime... même que je serais pas un « don Juan d'la chanson ». Je t'aime, puis c'est pas une autre femme que je veux, c'est toi que j'ai de besoin... Puis j'en demande pas plus... Puis les autres femmes, je les ai ben loin, depuis que je te connais. (*Il sent que son argumentation la touche.*) C'est peut-être pas ben ben aimable pour toi que je t'aime sans te le dire... mais ça serait peut-être pas ben mieux si je te le disais puis que je t'aimerais pas. Tu penses pas ?

AURORE

(*Un peu ébranlée, tout de même.*) Peut-être. (*Elle renifle.*)

THÉODORE

(*Prenant avantage du léger progrès qu'il vient de marquer.*) Dans le fond, tu sais, t'as peut-être raison sur un bord... mais, sur l'autre, tu te plains un peu le ventre plein. Il est pas si méchant que ça, ton vieux, après tout...

AURORE

Pour commencer, lâche-moi « le vieux ». On a le temps de s'appeler de même !

THÉODORE

(*Léger comme un éléphant.*) Ton gros loulou noir, d'abord.
(*Désarmant de bonne volonté.*) Tu vois, je demande pas mieux
que de me corriger. Seulement, dis-moi-le, dans ce temps-là,
puis je me choquerai pas... Ben mieux que ça, tiens : que c'est
que tu voudrais que je fasse, à soir, pour te montrer que je
peux être un gars galant, moi aussi, quand je veux ?

AURORE

(*Sentimentale, après une hésitation.*) Ben... porte-moi dans
tes bras jusque dans la chambre.

THÉODORE

(*Les bras lui tombent le long de la chaise.*) Écoute, Aurore, je
voudrais ben pas me donner un tour de reins.

AURORE

(*Se levant, au désespoir.*) O.K., d'abord ! (*Elle entre dans la chambre et fait claquer la porte.*)

THÉODORE

(*S'installant sur le divan, un coussin sous la tête et avec son pardessus comme couverture, il murmure, complètement perdu.*) Hé, mosus de femmes, que c'est donc compliqué !

RIDEAU

La Belle au bois dormant

Distribution

LA PRINCESSE	Micheline Pétolas
LE PRINCE	Fridolin
LE VALET	Adrien Lachance
LE DRAGON	Julien Lippé
LES SUIVANTES	Les danseuses

Premier tableau

*Fridolin paraît devant le rideau, son sling-shot à la main, et vient
s'asseoir, l'air triste, face au public.*

FRIDOLIN

Qu'est-ce que vous pensez, vous autres, d'une fille qui a
promis qu'elle sortirait avec vous à soir — «Certain, ma
grand-conscience, aussi vrai que je m'appelle Azelma, c'est à
ton tour !» Que vous l'attendez jusqu'à huit heures et cinq,
accoté contre la clôture de sa cour, le coeur énervé comme un
jeune chien qui sentirait venir une livre de viande hachée. Puis
que, elle, pendant ce temps-là, elle se défile par la porte d'en
avant pour aller en retrouver un autre ?

Puis qu'est-ce que vous pensez d'un gars assez bête puis
assez sans coeur pour avoir de la peine, à cause d'une fille
comme ça, au lieu de se revenger en sortant avec une autre ?
C'est vrai que, en réalité, j'en ai pas, d'autres filles...

Eh souffrance ! que c'est donc de valeur de pas être né
aimable de naissance, quand on a le coeur chaud comme un
tuyau de poêle qui a le feu pris dans le tuyau ! Ces racontars
que les filles prennent les devants et demandent les garçons
durant les années bissextiles, c'est des belles superstitions, ça,
hein ? On en a une, cette année, mais pas la moindre fille m'a
encore demandé de m'embrasser !

Puis le plus choquant de l'affaire, c'est que Azelma, elle
est peut-être pas plus heureuse que moi, dans le moment...
étant donné qu'elle se pend après ce gars-là de la même
manière que je me pends après elle ! Et puis, lui, il se gêne
pas pour la flanquer là, pas plus qu'elle se gêne avec moi.
Comme l'autre soir, quand elle l'a attendu jusqu'à neuf
heures et quart avant de se décider qu'on sorte ensemble...
pour ensuite me faire passer devant toutes les salles de pool
puis tous les restaurants du coin, histoire de m'envoyer en
dedans voir s'il était pas là. Et puis, moi, beau pas fin, je lui
trouve son gars, installé devant une slot-machine. Avec le
résultat qu'elle a décidé de me renvoyer tout seul à la maison
pendant qu'elle l'attendait à la porte, ce fafoin-là ! Un de
ces gars fendants qui se pensent obligés de toujours se tenir au

319

moins à 35 milles à l'heure quand ils sont en machine, pour pas que les filles sautent dans l'auto !

Oui, il lui en joue des pattes, l'une attend pas l'autre et puis elle le sait ! C'est bête, l'amour, hein ? Elle aime autant brailler après ce gars-là que de se laisser aimer par moi. Je suppose bien qu'à choisir, elle trouve qu'il y a plus de bonheur à aimer qu'à être aimé... Probablement aussi qu'à force d'en embrasser, des filles, il s'y prend tellement bien avec elle les fois qu'il se décide, qu'elle lui pardonne d'avoir pris le tour ailleurs !

Moi, je pense que je pourrais jamais me décider à ça. Parce qu'il me semble qu'à force d'embrasser n'importe qui, n'importe quand, ton thrill doit rapetisser de plus en plus. La même chose que, plus tu mâches ta gomme, moins il y a de sucre dedans...

Ça m'a l'air d'une belle attrape, ça, l'amour ! Ça nous en fait-y faire des folies, puis ça en fait-y brailler des larmes, une affaire qui est supposée nous rendre si heureux ! L'amour, ça me fait penser à un rêve que j'ai fait la semaine passée : j'avais soif que la gorge me brûlait, mais tout ce qui me tombait sous la main, c'était des verres d'eau salée. Puis le moment où j'ai trouvé une chantepleure avec de l'eau fraîche dedans, ils venaient de fermer l'eau !

Pourtant je peux pas arriver à croire que le bon Dieu qui est si bon, c'était son idée qu'une belle affaire semblable nous rende malheureux. Pour moi, ça doit être le genre humain qui suit pas la bonne direction pour s'en servir, comme pour un tas d'autres bonnes choses qu'il nous donne.

Pour moi, l'amour, quand le bon Dieu nous l'envoie sur la terre, elle doit être blanche puis pure comme de la neige. Comme de la belle petite neige qui tombe doucement, une belle nuit d'hiver... Puis, nous autres, on se lève le matin puis on se dépêche de la salir en marchant puis en crachant dessus. Puis on l'enlève au plus coupant, puis on la charge dans des trucks, puis on la jette dans les égouts...

Il doit pourtant y avoir moyen de faire quelque chose de doux puis de consolant avec ça, une belle affaire comme l'amour ! Voulez-vous on va essayer, avec le prochain sketch, puis, une belle histoire d'amour, on va en inventer une tout de suite ? Pas de l'amour ordinaire, avec du tiraillage, du chicanage, de la jalouserie... avec des cassages puis des recollages, pour finir par un petit mariage dans le soubassement, un matin qui mouille, avec les enfants de choeur qui se décrottent le nez ! Non, de la belle amour, de la vraie. Celle qu'on veut quand on pleure et qu'on sait pas pourquoi ! De l'amour où il y aurait rien de laid puis de croche. De l'amour avec de la musique, du satin, des fleurs, des soupirs puis du clair de lune... De l'amour avec des baisers longs comme quarante-trois verges de ruban rose, qu'on mesurerait avec une belle fille qui se gênerait pas pour vous dire qu'elle aime ça comme une folle, se faire embrasser elle aussi... au lieu de poser à la sainte nitouche pour qu'on la pense meilleure qu'elle est !

Voulez-vous on va s'en patenter une belle histoire d'amour ? On va la faire ensemble : s'il y a plus d'idées dans deux têtes que dans une, à plus forte raison dans 1488 têtes ! (Évidemment, dans les 1488 têtes, je compte pas l'orchestre de Maurice Meerte.) On va s'en écrire une, dédiée à tous ceux qui manquent d'amour. Et ça, ça s'adresse pas seulement à moi, mais à tout le monde ici présent. (*Désignant un spectateur, puis un autre, puis un autre...*) À vous... à vous aussi... à vous aussi ! Pas nécessaire de lever la main tous ensemble : si vous voulez être aussi francs que moi, vous admettrez, l'un après l'autre, que, de l'amour, vous pourriez en consommer pas mal davantage, tous tant que vous êtes !

Oui, on va s'en fabriquer, une histoire d'amour ! Et puis toute la romancerie qu'on voudrait avoir dans la vie puis qu'on n'a pas, on va se la mettre dans le sketch. Puis on va s'en payer, quant à avoir les mains dedans ! D'abord, on est au théâtre : on peut arranger ça comme on veut. On n'a pas la souffrance de petite vie plate, qui vient toujours planter les épingles de la réalité dans les balounes de nos rêves.

Certain que ça a du bon sens ! Puis on va se faire des décors... Pas avec des maisons laides comme chez nous, pleines de crachoirs, de chaudières à charbon, de fleurs de papier ciré combles de poussière, avec le plat qui renverse en dessous de la glacière... sans compter les souffrances de prélarts, qui vous gèlent le coeur en passant par les pieds !

Non, on va prendre rien que des couleurs amoureuses :

du blanc, du bleu, du rose, puis on va faire des beaux décors, avec des châteaux... Des châteaux assez beaux que la laideur serait gênée de rentrer dedans ! Puis des costumes tellement nobles et distingués que, quand t'as ça sur le dos, tu peux pas avoir des pensées laides ou bien des idées croches.

Maintenant, quelle histoire on prendrait, comme carcasse pour mettre notre poésie autour ? Il nous faudrait un beau conte de fées : c'est encore là-dedans qu'on trouve les histoires d'amour les plus amoureuses ! Il y a « Le petit chaperon rouge »... Rouge : ça va sentir la politique. « Le chat botté » ? Non, c'est pas assez romanesque. « Peau d'âne »... C'est une belle histoire, mais, souffrance ! le titre te déprime avant de commencer. « La belle au bois dormant »... Aïe ! ça, c'est une bonne idée : la belle Princesse qui s'endort puis un beau Prince charmant vient la réveiller, un beau matin de printemps, avec un bec sur le bec ! Puis ils se mettent en ménage et ils sont heureux pour toujours ! Pouvez-vous trouver quelque chose de plus rafraîchissant que ça pour le coeur ? Aïe, ça, ça va faire la plus belle histoire d'amour !

Pour les rôles, d'abord, il y a celui de la Belle au bois dormant. Qu'est-ce que vous diriez de Micheline Pétolas, la petite Colombine de tantôt ? Pensez pas que c'est pas un beau petit bijou de jeune fille ! Que ça doit donc être encourageant de jouer un rôle d'amoureux à côté d'elle, surtout dans la grande scène du baiser !

Cela nous amène justement à parler du Prince charmant. C'est un rôle beau... mais difficile. Qui est-ce que vous verriez qui serait le mieux qualifié pour jouer ça ? Pensez-y bien : c'est pas tellement un Clark Gable qu'il faut comme un gars sincère d'un bout à l'autre. Parce que ça s'en va, la mode que c'est rien que les beaux grands six-pieds qui peuvent jouer les amoureux. Moi, j'aurais rien à faire dans le moment... si ça pouvait vous accommoder. Ah !... et puis, après tout, je peux bien vous le dire à vous autres, ça a toujours été mon rêve à moi de jouer un rôle de Prince charmant... mais j'en ai jamais eu l'occasion. D'autant plus que là, franchement, je commence à perdre un peu confiance en moi, en tant qu'amoureux. Et puis ça me remonterait le moral en pas pour rire de montrer à Azelma que je peux en avoir

des filles, puis des belles ! Dites oui, hein ? Laissez-moi faire
ça... puis, si jamais je peux vous rendre un service en retour,
comptez sur moi : ce sera à la vie à la mort entre nous ! Ah,
vous me rendez heureux, là, vous autres ! Je me sens déjà
l'âme toute parfumée...

Ça fait qu'on va dire qu'au début du sketch... (*La musique commence en sourdine.*) ...on entendrait de la belle musique,
genre céleste, comme ils en jouent à l'église pendant le Sanc-
tus. Puis la belle Princesse danserait avec ses servantes devant
son château, en attendant le Prince de ses rêves. On voit que,
sans le connaître, elle s'ennuie déjà de lui. Puis, tout d'un
coup, on sent que la méchante sorcière endort la Princesse,
comme dans le conte. La sorcière, on la verra juste en imagination, pour qu'il y ait rien de laid dans le tableau.

Puis là, au bout de deux secondes, qui nous auront
semblé cent ans tellement on aura hâte, arrive le beau Prince
charmant. Disons le Prince charmant tout court, pour pas
trop me gêner. Et il entre dans le château de la Princesse,
ensuite il l'embrasse. Et puis elle se réveille, avec même pas
les yeux pochés. Et là, c'est le grand mariage. Et ils ont de
nombreux enfants ! Ah, que ça va donc être beau ! Que ça va
donc être... (*Il est sorti en pirouettant.*)

Deuxième tableau

*Comme Fridolin sort, le rideau s'ouvre lentement sur l'intérieur du
château : dans un cadre gris en forme d'ogive, des gradins recouverts
d'un tapis rose cendré et conduisant à un divan capitonné de satin
blanc. A l'arrière-plan, une verrière multicolore, également en forme
d'ogive.*

*La princesse est assise sur le divan. Elle brode une tapisserie,
entourée de ses suivantes. Elles font tableau pendant les premières
mesures de l'orchestre. Puis, comme le thème se dessine, la princesse
laisse tomber distraitement son aiguille : son visage s'éclaire d'un sourire teinté de mélancolie. Comme le dirait Fridolin : « On sent qu'elle
songe au prince de ses rêves, qu'elle ne connaît pas encore, mais dont elle
s'ennuie déjà. »*

Puis, l'appel du thème se faisant plus pressant, elle se lève et, tout illuminée, descend les gradins, ainsi qu'elle irait à la rencontre du bien-aimé, devant lequel elle fait sa révérence la plus aimable. Les suivantes ont levé la tête et, gentiment amusées, l'ont suivie des yeux, comme si elles pensaient : « Voici que notre princesse songe encore à ses amours imaginaires. »

La princesse évolue maintenant emportée par son prince. Le mouvement de l'orchestre s'anime un peu plus et les suivantes entrent dans la danse, qui se continue sur le thème suivant : au milieu de ses dames de compagnie, la princesse, toujours poursuivie en imagination par son prince, aiguise son désir en semblant tour à tour s'abandonner dans ses bras pour se soustraire ensuite à son étreinte, gracieuse et pudique.

Mais le leitmotiv de l'amour se fait de plus en plus insistant et, comme la danse s'achève, la princesse se donne enfin au baiser de son soupirant.

À ce moment se dessine à l'orchestre le thème de la sorcière. L'éclairage se fait plus dramatique. À mesure que s'enfle la musique, l'ombre de la sorcière apparaît de plus en plus distinctement sur la verrière du fond. Effroi des danseuses. La princesse veut repousser le maléfice qui la menace, mais sa résistance faiblit peu à peu devant le sommeil qui l'envahit déjà, pendant que s'estompent le thème et l'ombre de la sorcière.

Comme la princesse vient s'affaisser sur le divan, au milieu de ses suivantes consternées, le thème du prince charmant, très doux, monte puis meurt à l'orchestre, tandis que le rideau se ferme dans un éclairage bleu nuit, un projecteur teinté de rose éclairant seul le divan.

Troisième tableau

Devant le rideau, Fridolin sort de la coulisse, visiblement mal à son aise dans le costume du prince charmant, de couleur vieux rose et un peu trop grand pour lui. L'épée au côté et une cape rejetée sur le bras gauche, il porte un bouclier d'une main, un bouquet de l'autre.

FRIDOLIN
(*Se dirigeant vers le centre de la scène.*) Patience, Rosemonde !... Patience, ô ma Princesse : me voici ! (*Il s'arrête et,*

confidentiellement au public, en proie à un trac qu'il dissimule avec peine.) Est-ce que ma voix fait assez Prince charmant ? Ma démarche aussi ? (*Désignant son costume.*) J'ai pas trop l'air de Jacques Cartier, là-dedans ? Dites-le-moi, vous savez : je voudrais tellement être bon dans ce rôle-là ! Ce qui m'énerve un peu, c'est que c'est pas rien que mon sketch, c'est le vôtre aussi : je voudrais pas vous gâter votre histoire.

Évidemment, je suis pas encore bien bien habitué à jouer des rôles de l'aristocratie. Je fais de mon mieux pour m'étudier, mais je pense que j'ai encore quelques gestes naturels, pas vrai ? D'autant plus que j'aime pas beaucoup le rose de mon costume : il me semble que ça enlève du mâle au Prince, vous trouvez pas ? Enfin, il faut croire que c'était la mode pour les tuxedos de ce temps-là...

En tout cas, je me suis bien préparé pour le baiser : j'ai sucé une poignée de Cen-Cen et je me suis mouché bien comme il faut. Oui, parce que, avoir le nez bien dégagé, c'est très important, si on veut être un grand amoureux. Ce que je veux dire, c'est que, le nez clair, tu peux tenir un baiser... y a pas de limite ! Tandis que, le nez bouché, le plus que tu peux endurer, c'est une quinzaine de secondes. Sans compter que tu sors de là tout essoufflé... et puis tout le monde a l'air bête !

Alors on y va ? (*Faux départ.*) En effet, j'y pense : la chanson que j'ai composée pour la Princesse, j'ai oublié de la repasser ! (*Il fredonne, la gorge serrée par le trac.*) « Ce doux baiser, ô ma Princesse, a terminé l'enchan... » (*Sa voix craque.*) Voyons, comment ça marche, donc ?

De derrière le rideau, monte une voix qui chante, avec tout le charme et l'assurance qui manquent à Fridolin.

LA VOIX

Ce doux baiser, ô ma Princesse
A terminé l'enchantement...

Quatrième tableau

Fridolin s'est arrêté, ahuri. Au deuxième vers, le rideau s'est ouvert lentement sur la silhouette extérieure du château de la princesse, devant laquelle se tient un beau jeune homme, qui enchaîne : « Il a suffi de ma tendresse... Pour mettre fin à nos tourments... » Il est vêtu d'un costume bleu, simple mais d'une coupe impeccable. Malgré l'absence de parures, il est beaucoup plus prince charmant que Fridolin, qui s'en aperçoit tout le premier.

FRIDOLIN
(Inquiet, au public.) Qu'est-ce qu'il vient faire ici, celui-là ? C'est pas un rival, j'espère ?

LE VALET
(S'avance, désinvolte, et fait une révérence à Fridolin.) Je suis votre valet, Prince, pour vous servir humblement.

FRIDOLIN
Mon valet ?

LE VALET
Les gens de votre qualité en ont toujours un, Prince.

FRIDOLIN
(Le toise, visiblement contrarié.) Oui, oui... *(Il fait le tour du nouveau venu, puis se mesure dos à dos avec lui.)* Pas nécessaire de vous monter sur la pointe des pieds ! *(Il le dévisage, puis sort un petit miroir de sa poche et s'examine à son tour : il ne peut réprimer un pincement de lèvres dépité. Il monte une marche de l'escalier qui conduit à la tour, de façon à se trouver nez à nez avec lui.)* Puis rendu là-dedans, forcez-vous pas pour faire le bellâtre, hein ? C'est le rôle du valet que vous avez : le Prince charmant, c'est moi. Et, s'il y a du chantage à faire, c'est moi que ça regarde, hein ?

LE VALET
Oui, Prince.

FRIDOLIN
Je comprends que vous chantez plus fort que moi... Vous avez même de belles cordes vocales. Mais, de nos jours, c'est pas tellement l'organe qui compte comme les sentiments qui

l'animent. Et rappelez-vous qu'on a souvent besoin d'un plus petit que soi !

LE VALET

Je ne l'oublierai pas, Prince.

Fridolin se dirige vers l'entrée du château et essaie d'atteindre le cordon de la sonnette, mais en vain. Gêné, il fait un vague geste vers le valet, qui s'empresse de tirer le cordon, étant assez grand, lui. Sur un accord dramatique à l'orchestre, le portail s'ouvre avec fracas : sur le seuil apparaît le dragon, une épée à la main. Costume vert et maquillage fantaisiste. Fridolin recule, apeuré et se dissimule derrière le valet.

LE DRAGON

(*Théâtral, s'adressant au valet.*) Comment osez-vous troubler la paix de ce château, Prince ?

FRIDOLIN

(*Se montrant à demi derrière le valet.*) Pardon, c'est moi, le Prince ! (*Au public, s'avançant d'un pas.*) Mais qu'est-ce qu'il vient faire ici, ce concierge-là ? (*Au dragon.*) Vous êtes pas au programme, vous !

LE DRAGON

(*Imposant devant l'entrée, les deux mains sur la garde de son épée plantée en terre.*) Je suis le dragon qui veille sur le repos de la Princesse !

FRIDOLIN

Le dragon ?

LE VALET

Mais oui, Prince : dans les contes de fées, il y a toujours un dragon, c'est classique. Vérifiez dans l'*Encyclopédie de la jeunesse*.

FRIDOLIN

J'avais pas pensé à ça, moi.

LE DRAGON

Tant pis pour vous. (*Fonçant sur lui, l'épée à la main.*) En garde !

FRIDOLIN

Il faut que je me batte ?

LE DRAGON

Mais oui, Prince ! Des beautés comme la Belle au bois dormant, ça ne vous tombe pas dans les bras comme ça !

FRIDOLIN

Non, hein ?

LE DRAGON

Ça se gagne à la pointe de l'épée !

FRIDOLIN

(*Remettant son bouquet au valet, qui a suivi la scène vaguement ironique, et dégainant gauchement son épée.*) Attendez un peu que je sorte ma baïonnette... Ça ferait pas pareil si je vous prenais au sling-shot ?

LE DRAGON

(*Avec une commisération hautaine.*) Allons, Prince, vous oubliez vos titres de noblesse !

FRIDOLIN

C'est parce que j'ai pas joué souvent à ces petits jeux de société-là, moi. (*Ne sachant trop quoi faire de son épée.*) Comment ça se tient, cette souffrance d'affaire-là ?

LE VALET

(*Venant à son secours, il lui prend l'épée des mains.*) Permet-

329

tez, Prince, que très humblement je vous donne une leçon d'escrime.

FRIDOLIN

D'accord, mais... aussi humblement que possible, hein ?
Pendant le jeu de scène suivant, le dragon fait des feintes dans son coin.

LE VALET

D'abord, le salut ! (*Il joint le geste à la parole, désinvolte et très à l'aise.*)

FRIDOLIN

Laissez faire le salut : c'est sans importance, ça !

LE VALET

Ensuite, les parades... (*Qu'il exécute, rapidement.*) En prime... En seconde... En tierce... En quarte... En quinte... En sixte... En septime... Et en octave...

FRIDOLIN

(*Qui essaie, abasourdi et l'oeil terne, d'assimiler les mouvements.*) Oui, oui : l'octave ! on sait ça. Ensuite ?

LE VALET

Maintenant, les attaques...

FRIDOLIN

C'est surtout ça qui m'intéresse.

LE VALET

(*Joignant toujours le geste à la parole.*) Attaque au pied... Au bras... À la cuisse... Au coeur !

FRIDOLIN

Comment vous avez fait ça, au coeur, encore une fois ?

LE VALET

(*Répète le mouvement.*) Voilà.

FRIDOLIN

(*Veut lui prendre l'épée des mains.*) Oui, c'est correct : ça va faire !

LE VALET

(*Baissant la voix.*) Permettez-moi, enfin, de vous enseigner une botte secrète.

FRIDOLIN

Une botte secrète ?

LE VALET

Oui : c'est un ensemble de coups, savamment combinés, qui vous permettront de prendre votre adversaire par surprise.

FRIDOLIN

Montrez donc, pour voir ?

LE VALET

(*Décomposant le coup.*) Attaque en quinte... esquive... fente en arrière...

FRIDOLIN

(*Machinalement.*) Fente en arrière ? C'est bon à savoir !

LE VALET

... Et coup au coeur ! Comme vous voyez, c'est simple.

FRIDOLIN

Si c'est si simple que ça, allez-y donc, vous !

LE VALET

(*Lui tendant élégamment le pommeau de l'épée dont la lame repose sur son bras gauche.*) Je le ferais, Prince, avec volupté... mais je ne suis que le valet, moi.

FRIDOLIN

(*Prenant l'arme.*) Oui, évidemment.

LE VALET

D'ailleurs, je ne voudrais pas vous ravir la gloire qui vous attend.

FRIDOLIN

Vous savez, faudrait rien exagérer. Parce que, moi, je suis pas mal meilleur au sling-shot... Non, mais faut-y en savoir des souffrances d'affaires, pour entrer dans la haute société ! (*Soupire, l'oeil perdu.*) C'est drôle pareil, la vie : tu penses que le chemin du bonheur, il va être simple, simple. Puis, tout d'un coup, bang ! T'avais pas vu le dragon... (*Rassemblant tout son courage.*) Allons, dragon, en garde ! (*Solennel, l'épée en l'air.*) Je gagnerai à jamais l'amour de ma Princesse grâce à ma botte secrète !

Ils se placent en position de duel. Dès le premier croisement, le dragon, d'un coup de lame, lui enlève son épée. Fridolin la ramasse, en sacrant intérieurement. Le dragon, beau joueur, attend, dédaigneux, qu'il reprenne sa position. On recommence : même jeu. Fridolin, visiblement furieux, murmure, tout en ramassant sa lame, des menaces indistinctes où on reconnaît les mots « souffrance ! sling-shot !... ma bande !... »

Après une troisième reprise aussi peu chanceuse, Fridolin appelle le dragon à l'avant-scène et lui murmure deux mots à l'oreille. Le dragon lui répond de la même façon. Fridolin sort alors de sa poche, d'abord son sling-shot qu'il place sous son bras, puis une poignée d'objets hétéroclites où on reconnaît un « moine » avec sa ficelle, un canif, des billes, etc. Il offre ces derniers articles au dragon. Ce dernier les accepte, semble s'en contenter, puis, sadique, prend le sling-shot que Fridolin a sous le bras. Fridolin livre intérieurement un combat rapide mais terrible, puis accepte le marché en se mordant les lèvres.

Ils reprennent leurs positions de combat. Aussitôt les fers croisés, sans que Fridolin ait même eu le temps de faire un geste belliqueux, le dragon, théâtral, se prend la poitrine à deux mains et tombe, en ne dissimulant nullement qu'il le fait exprès.

FRIDOLIN

(*Malgré la pudeur évidente qu'il ressent à le faire, met le pied sur la poitrine du dragon étendu et proclame, la voix mal assurée.*) Honneur et gloire ! J'ai tué le dragon et mérité l'amour de la Princesse !

Le dragon, malgré le pied de Fridolin qui s'appuie sur sa poitrine, se tourne sur le côté, face au public, et bâille insolemment. Fridolin descend à l'avant-scène, accompagné du valet. Le rideau se referme entre eux et le dragon.

LE VALET

(*Tout en remettant à Fridolin sa cape et son bouquet.*) Félicitations, Prince.

FRIDOLIN

Faites pas l'idiot, hein ? (*Pour lui-même.*) Évidemment, il est plus fort que moi...

LE VALET

Mais ça ne prouve rien, Prince.

FRIDOLIN

Laissez faire, vous ; je suis capable de m'engueuler tout seul ! Non, ça prouve rien, parce que c'est pas nécessairement les hommes les plus robustes qui font les meilleurs amoureux. Évidemment, avec tout ça, j'ai perdu mon sling-shot... Mais une belle Princesse, ça vaut bien les sacrifices les plus durs.

N'empêche que j'aurais aimé mieux lui faire son affaire sans avoir à l'acheter.

LE VALET

Que voulez-vous, c'est la vie.

FRIDOLIN

(*Soupire.*) C'est la vie, oui. C'est triste pareil, les affaires croches qu'on est obligé de faire, des fois, pour arriver à nos idéals. (*Au public.*) Je gâte pas trop l'histoire, toujours ?

Cinquième tableau

Le rideau s'ouvre sur le décor du deuxième tableau : seule, la princesse endormie repose toujours sur le divan, qu'un projecteur baigne de lumière rose. Le reste de la scène, d'abord dans une ombre bleue, s'éclaire comme Fridolin monte les gradins suivi du valet.

FRIDOLIN

(*Tout ému, s'approche du lit et soulève la gaze qui recouvre la princesse.*) Si elle est belle ! Puis dire que je vais l'embrasser... (*Se sentant mal.*) Voyons... qu'est-ce que j'ai, donc ?

LE VALET

Allons, Prince, vous n'allez pas vous évanouir comme une fillette !

FRIDOLIN

(*Tâchant de reprendre son aplomb.*) Non... c'est correct : ça doit être la cigarette que j'ai fumée l'autre jour.

LE VALET

Vous sentez-vous assez fort pour la grande scène du baiser ?

FRIDOLIN

Attendez, attendez ! C'est pas des affaires qu'on fait en criant flic flac, puis tourne de bord : faut se préparer le coeur. Pour vous, c'est peut-être devenu une habitude d'embrasser des belles filles, mais, pour moi, c'est encore un événement. (*À la princesse endormie.*) Princesse, excusez-moi, mais, étant donné que vous êtes endormie, je vais être obligé de vous embrasser sans vous demander la permission. (*Au valet, qui l'observe.*) Gênez-moi pas, vous, et puis tournez-vous ! (*Le valet se détourne légèrement, pendant que Fridolin dépose un baiser timide sur la joue de la princesse. Il attend, tout ému, mais la princesse ne s'éveille pas.*) Ça, c'est curieux !

LE VALET

Elle ne semble pas s'éveiller ?

FRIDOLIN

Eh non ! Qu'est-ce que ça veut dire, donc ?

LE VALET

Vous l'avez bien embrassée sur la bouche ?

FRIDOLIN

(*Scandalisé.*) Eh !... on n'est pas 'aux vues, là !

LE VALET

C'est que la légende est explicite sur ce point : un baiser sur la bouche.

FRIDOLIN

Bon. C'est parce que j'aurais bien voulu que ça reste de l'amour pur. (*Il hésite, puis dépose un baiser rapide sur les lèvres de la princesse. Mais la belle dort toujours.*) Ça commence à devenir énervant !

LE VALET

Vous n'avez peut-être pas... la bonne technique.

FRIDOLIN

Pourtant, nous n'avons jamais eu de plaintes jusqu'ici.

LE VALET

Si vous me le permettiez, je pourrais vous indiquer la façon dont je m'y prendrais, moi.

FRIDOLIN

Vos intentions sont pures, toujours ?

LE VALET

(*Offensé.*) Prince, doutez-vous encore de ma fidélité ?

FRIDOLIN

Croix sur mon coeur ?

LE VALET

Croix...

FRIDOLIN

(*L'interrompant.*) Laissez faire : faites pas de faux serment puis allez-y ! C'est un jeu dangereux, mais j'ai pas le choix.

Le valet enlace la princesse et dépose sur ses lèvres un long baiser. Au bout d'un moment, Fridolin lui tape sur l'épaule. Mais voici que la princesse étend languissamment ses bras roses et, à son tour, enlace le valet.

LA PRINCESSE

(*Ouvre les yeux et murmure tendrement au valet.*) Vous voilà donc enfin, Prince de mes rêves.

336

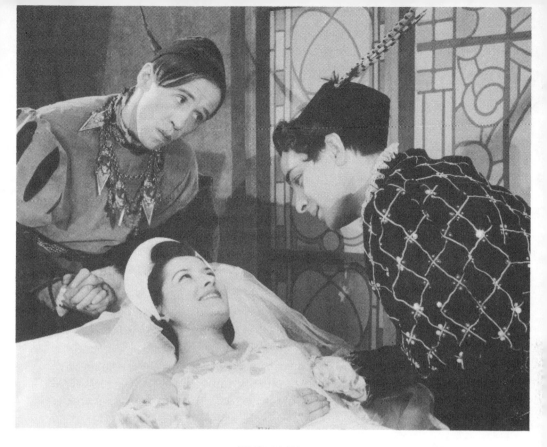

FRIDOLIN

(*Après un moment d'hébétement, il reprend ses esprits et repousse gauchement le valet.*) Pardon... Je crois qu'il y a une fâcheuse erreur : Princesse, je regrette infiniment, mais c'est moi, le Prince.

LA PRINCESSE

(*Déçue.*) Ah !... (*Ses yeux quittent à regret ceux du valet, qui passe à la droite du divan.*)

FRIDOLIN

(*Genou en terre aux pieds de la princesse, dans une pose qu'il veut romantique.*) Vous m'attendiez donc, Princesse de mon coeur ?

LA PRINCESSE

Oui, je vous attendais... (*Elle tourne tendrement les yeux vers le valet.*) ...mon cher amour.

FRIDOLIN

(*Lui ramène doucement la tête avec le doigt et, dans un reproche un peu triste.*) Pardon, Princesse : je vous le répète, c'est moi, le Prince. (*Avec une tendresse infinie, malgré sa gaucherie.*) Ah ! Princesse Rosemonde... D'être ainsi à vos pieds, je suis heureux tellement, que pour déguster tout le bonheur qui m'arrive, il faudrait que je sois quatre à moi tout seul. Vous, Princesse, m'aimez-vous... un peu ?

LA PRINCESSE

Oui, je vous aime... (*Elle tourne encore la tête vers le valet.*) ... Prince de mes rêves.

FRIDOLIN

(*Triste.*) Princesse ! (*Il lui ramène de nouveau la tête de son côté.*) Princesse, permettez que, de notre amour, je chante le trop-plein de mon coeur... (*L'orchestre lui donne le ton, mais, dans son trac, il attaque la chanson sur un ton trop élevé.*) « Ce doux baiser, ô ma Princesse, a terminé l'enchant... » (*Il s'étouffe.*) Je l'ai prise un peu haut. (*Reprenant plus bas.*) « Ce doux baiser, ô ma Princesse, a terminé l'enchantement. Il a... » (*Il s'arrête, cherchant la suite.*) Eh souffrance ! Comment ça marche, donc ?

(*Chante.*)

Ce doux baiser, ô ma Princesse,
A terminé l'enchantement
Il a suffi de ma tendresse
Pour mettre fin à nos tourments...

La princesse se lève et s'approche amoureusement du valet. Fridolin, d'abord hébété, a repris ses sens et fait mine de vouloir continuer la chanson, mais, comme le valet attaque la suite, il subit lui aussi le charme de sa voix et écoute, avec une amertume mêlée d'admiration.

LE VALET

(*Chante.*)

C'était vous que je voyais en rêve
C'était vous que j'attendais toujours
Tout au fond de mon âme sans trêve
Sommeillait ce magnifique amour
Je vous voyais dans chaque étoile
Dans chaque goutte de rosée
Je vous voyais à travers le voile
Des plus merveilleux contes de fées
Si je vous aimais tant dans mes songes,
C'est que j'étais assuré qu'un jour
Encore plus que dans tous ces mensonges
Je vous retrouverais dans l'amour...

L'orchestre fait une reprise du refrain. La princesse et le valet partent à danser, entraînés par leur passion tout autant que par la musique. Fridolin, qui allait placer son mot à la fin de la chanson, a été un peu désemparé par la reprise de la musique. Il ronge maintenant son frein, debout sur une des marches qui conduisent au divan. Comme le couple passe devant lui, il tape sur l'épaule du valet, qui s'incline et s'efface. La princesse, au milieu d'une figure de danse, n'a pas vu le manège et se trouve subitement face à Fridolin. Elle hésite, puis, soumise et docile, les yeux baissés, sans fantaisies et sans grâces superflues, elle lui donne le bras.

Fridolin qui, visiblement, fait un effort surhumain pour dissimuler son trouble, lui prend la main et, le bras tendu, part à valser avec elle, au rythme gauchement accentué de « Une, deux, trois. »

Le valet s'est placé sur une marche, un peu à droite, et aspire le parfum d'une fleur que lui aura donnée la princesse. Comme le couple

passe, il baise à la dérobée la fine main que lui tend la princesse. Fri-
dolin, qui a vu le manège, s'est arrêté, s'est mordu la lèvre de dépit et
a repris sa danse, un peu plus triste, si possible.

Il fait deux pas encore, puis, revenant au bras de la princesse, il
prend la main du valet, se fait taper sur l'épaule et s'efface. Pendant que
le couple reprend amoureusement sa danse interrompue, Fridolin va
s'asseoir désabusé à l'extrême gauche de la scène. Pendant le mono-
logue qui suivra, le couple dansera quelques pas sur la scène puis se
dirigera vers le divan, la princesse recevant discrètement les hommages
du valet, qui soupire à ses pieds en lui baisant la main. L'éclairage a
baissé sur la scène jusqu'à la nuance « romantique », laissant le
divan seul baigné par une lumière discrète, pendant qu'un projecteur
éclaire Fridolin, à gauche.

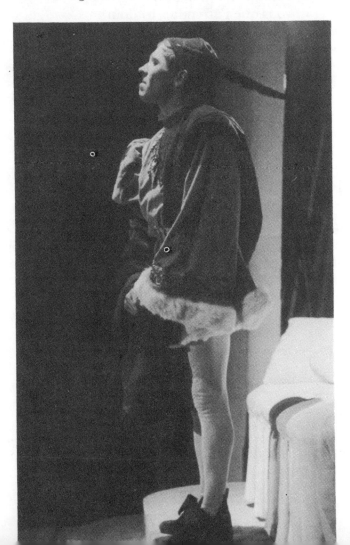

Évidemment, il y a pas à se le cacher, ça fait pas mal plus décoratif quand je suis pas là. Alors je pense bien que ça va finir avec un autre dans le rôle du Prince charmant. Ah ! oui... parce que, si c'était seulement mon histoire à moi, je pourrais la gâcher, du moment que j'en tirerais mon plaisir... mais, je le répète, c'est votre histoire à vous autres aussi. Et on a beau pas être beau et pas être riche, on est honnête !

Puis mon sling-shot qui est chez le diable, avec tout ça ! Ça fait rien : c'était bon en souffrance quand je l'ai embrassée tantôt, elle ! Rien que ça, ça vaut trois fois la peine que j'ai depuis ce moment-là.

Évidemment, avoir voulu m'entêter puis tenir mon bout, j'aurais pu l'avoir à moi, puis me marier avec elle. Mais je sens bien qu'avec moi, elle serait triste toute la vie. Et les jours où elle serait gaie, sachant que ça serait pas de ma faute, je serais jaloux comme un pigeon... surtout avec un beau serviteur comme lui dans la maison.

D'ailleurs, elle, c'est beau... c'est même trop beau : c'en est décourageant ! Avec une femme de même, un mari est gêné toute sa vie. Puis les enfants s'en ressentent. (*Le valet, à ce moment, embrasse la princesse dans une pose nécessairement romanesque.*) Il pourrait pas, au moins, attendre que je sois parti, lui ? Ouais, il est chanceux ! Il va faire un bon amoureux : il est pas sentimental.

N'empêche que je serais prêt à gager que j'ai été dix fois plus heureux, moi, avec mon bec d'une seconde tantôt, que lui avec son knock-out de deux minutes. C'est sa punition pour savoir tellement s'y prendre.

L'orchestre a, depuis la fin de la danse, continué à jouer en sourdine. Le valet, à ce moment, se lève et chante à la princesse le deuxième couplet de la chanson. Fridolin monte à ses côtés, enlève son collier, le lui donne, ainsi que son épée, lui jette sa mante sur le bras, le pousse davantage dans les bras de la princesse, puis redescend et s'en va vers le proscenium gauche, en essayant d'avoir l'air indifférent.

Comme il va sortir, le dragon, qui a surgi silencieusement de derrière un rideau, lui tend son sling-shot, sans un mot. Simplement, Fridolin l'accepte et sort, un peu moins triste tout de même.

Sixième tableau

Au moment où il disparaît, les suivantes sortent de chaque côté du décor, portant les vêtements nuptiaux du nouveau prince et de la princesse, qui descendent tous deux à l'avant-scène. Le rideau se ferme derrière eux. Pendant que le prince termine sa chanson, les suivantes de gauche coiffent la princesse d'un long voile blanc et d'une couronne de fleurs et lui remettent un petit bouquet nuptial. Celles de droite jettent sur les épaules du prince un manteau blanc et bleu.

Le rideau s'ouvre sur le décor précédent modifié : on a remplacé le divan par quelques marches additionnelles sur lesquelles on a posé un prie-dieu, fleuri de lys blancs et flanqué de deux gros cierges. La verrière du fond a été remplacée par une autre présentant un motif moins profane.

Musique nuptiale à l'orchestre. Le couple monte les gradins et s'agenouille, les suivantes formant tableau sur les marches. Entre de gauche un moine en blanc, le capuchon ramené sur la tête. Une fois devant le couple, il se tourne vers lui et baisse son capuchon : c'est Fridolin.

FRIDOLIN

Le mariage que vous allez contracter ensemble, mon cher frère et ma chère soeur, est la plus sainte, la plus digne ct la plus ancienne des alliances... (*Le rideau se ferme lentement pour la dernière fois, comme le thème du prince charmant monte à l'orchestre.*)

Épilogue

L'évacuation des invités

Sur la musique de l'entrée des habilleuses au prologue, paraissent à l'avant-scène les quatre gardes du corps, deux venant de gauche et deux venant de droite. Ils portent des cannes à pêche, des sacs de golf, ainsi qu'un gros poisson empaillé et monté sur une plaque de bois. Les suivent jusqu'au centre du plateau l'habilleuse rose et le premier expert d'un côté, l'habilleuse bleue et le deuxième expert de l'autre.

LA ROSE
La Conférence est terminée !

LA BLEUE
Et tout s'est assez bien passé.

PREMIER EXPERT
La truite sautait...

DEUXIÈME EXPERT
Et l'achigan mordait !

LE VALET
(*Entrant de gauche, un fanal de serre-frein à la main.*) Les invités en voiture !

LE GREFFIER
(*Paraissant à droite.*) Et tâchez de ne pas manquer votre train !

Suivent les courtisanes, deux venant de gauche, deux venant de droite. Aussitôt en place, elles chantent.

Bonsoir, les amis, bonsoir !
Bonsoir, les amis, bonsoir !
Bonsoir, les amis...
Bonsoir, les amis...
Bonsoir, les amis, bonsoir !
Au revoir !

Entre de gauche King, encadré de Sam et de John. Sam traîne son chien, John porte un jambon. Ils s'arrêtent au centre devant la ligne que forment les autres, pendant qu'on entend le bruit d'un train en gare.

LES TROIS

(*Échangeant de vigoureuses poignées de mains.*) So long !... Cherrio !... Bye, bye !... Adios !... À la revoyure !...

KING

En tout cas, quand ça vous fera plaisir de revenir passer un week-end, gênez-vous pas !

SAM

Tu sais bien que, nous autres, les Yankeegoths, on se gêne jamais !

KING

Et merci beaucoup de nous avoir donné l'honneur de vous nourrir.

JOHN

On trouvera bien le moyen de vous demander un petit service en retour un jour ou l'autre.

LE GREFFIER

(*S'avançant, un papier à la main.*) À qui dois-je présenter la facture pour les dépenses ?

JOHN

(*Prenant la note et lisant.*) Huit mille dollars par jour pendant quatorze jours... plus la taxe d'amusement. Ouais ! (*À Sam.*) On paye-t-y ça, Sam ?

SAM

C'est-à-dire que... ça tombe mal : j'ai pas de « p'tit change » sur moi.

JOHN

(*Remettant le papier à King.*) Tiens, King : on va te faire un cadeau, by Jove !

SAM

Tu ajouteras ça au prochain emprunt de la Victoire.

344

KING

C'est correct, c'est correct ! Je vais arranger ça : nous autres, quand on reçoit, on reçoit ! Comme dit la chanson : « On est des Gogoths ou ben on l'est pas ! »

Le rideau s'est ouvert sur le train du prologue. Les danseuses et les interprètes du sketch précédent sont déjà en scène.

KING

Bon : v'là votre wagon particulier. On a juste le temps de chanter notre hymne national une derniere fois avant de vous voir déguerpir.

L'orchestre attaque et tout le monde chante en chœur le refrain de « Il vaut mieux fridoliner ». Après le couplet, chanté par Fridolin, le rideau se ferme, puis s'entrouvre pour laisser passer les interprètes, qui viennent à l'avant-scène pour le refrain final et les derniers saluts.

345

« Fridolin nous revient au Monument National. La revue de M. Gratien Gélinas, comme par les années passées, est l'événement comique de 1943, et déjà avant la première représentation les billets se sont vendus encore pour trois à quatre semaines d'avance. Le cas demeure unique. Il y a là la preuve d'une popularité qui se maintient avec une constance sans précédent dans le genre chez nous.

On a dit à maintes reprises à quoi tient cette popularité. Ce qui est admirable, c'est que Fridolin se soit toujours remis chaque année à l'oeuvre avec autant d'ardeur, autant de souci du détail et de l'ensemble, que s'il en était au début de sa carrière de revuiste et de comique. Pour lui, rien n'a jamais été trop bien, trop beau, trop bien préparé pour le public, un public pourtant qu'il tient dans sa main. »

Jean Béraud, *la Presse*, 20 février 1943

« Dimanche soir, j'allais applaudir notre Fridolin national. Notre Fridolin unique. Que ce gamin-là est un grand artiste ! Ce qui plaisait sur le spectacle, c'était cet amour de la beauté, ce besoin d'art pour encadrer parfois le comique, parfois l'amertume.

Et j'ai constaté que Gratien Gélinas est hanté plus que jamais par son rêve de cinéaste. Son film « La Camélia » (parodie de la célèbre dame), nous donne un avant-goût de ce qu'il pourrait faire dans ce domaine. Il a réussi là des images étonnantes : arbres dépouillés, bourrasques... silhouette qui tient de l'épouvantail à moineaux et qui surgit soudain dans une rafale à la Duvivier... arbres cristallisés... et puis des intérieurs où domine le jeu des rayons et des ombres. Une trame sonore bien choisie. Et un dialogue comme seul Fridolin peut en faire. En somme, belle tentative de cinéma, joujou dispendieux que peut s'offrir notre Fridolin, amateur de tentatives neuves. »

Jean Desprez, *Radiomonde*, 27 février 1943

« Fridolin excelle toujours dans le monologue. C'est là qu'il atteint vraiment la grande comédie, celle que l'on ne distingue presque pas de la tragédie. Il incarne le type de l'enfant pauvre, dont l'existence est un tissu de malheurs. Hier soir, il nous a raconté avec beaucoup d'art les pensées qui surgissent dans l'esprit du petit bonhomme qui « casse la vitrine » du boucher du coin. Et pour comble de malchance, c'est le seul boucher chez qui la famille peut avoir crédit. Ses réflexions sont extrêmement tristes, et pourtant, par un phénomène bien difficile à expliquer, elles soulèvent un rire continu.

« Le mariage d'Aurore » est peut-être ce que Fridolin a fait de mieux dans le genre. C'est l'un des moments de la revue où l'on sent très bien l'évolution lente de Fridolin, le passage du vaudeville à la comédie. Ce n'est pas de la comédie de caractères, mais c'est probablement ce que nous avons de meilleur dans le domaine de la comédie de moeurs. »

Édouard Laurent, *l'Action catholique*, avril 1943

« La revue de Gratien Gélinas est devenue un événement annuel impatiemment attendu et d'un intérêt qui ne se dément pas. Plusieurs semaines avant sa représentation, le public se presse aux guichets pour retenir des billets. Chacun a hâte d'apprendre les nouvelles fridolinades, qu'il s'empressera de raconter aux amis, faisant ainsi leur désespoir, eux qui eussent préféré n'en rien connaître d'avance.

On a écrit à plusieurs reprises que Gélinas a créé au Canada français un genre sans précédent. Qu'on me permette de le répéter ici, puisque c'est l'exacte vérité. Il a élevé, par l'obstination de son travail, son souci exigeant de la mise en scène et l'originalité savoureuse de ses observations, la revue d'actualité à la hauteur d'un art. C'est un homme de théâtre accompli, aussi bon acteur qu'excellent auteur. Évoquer Molière à son sujet, cela nous oblige peut-être à ajouter aussitôt, en guise de correctif, *si parva licet componer magnis*. Et pourtant le point de départ est le même : un regard pénétrant sur la vie, pour en découvrir les travers, les ridicules et aussi les injustices. Pour ma part, je donnerais quelques traits cruels et mérités de Fridolin pour plusieurs bouquins solennels et compassés de nos *penseurs*. »

Roger Duhamel, *le Devoir*, 22 février 1943

« Un grand comique. Je veux parler de Fridolin. Une des grandes joies de la vie, c'est de rencontrer sur sa route un talent authentique. Autant je déteste la médiocrité satisfaite et insultante, autant j'aime et admire les cerveaux bien équilibrés et les coeurs sensibles, où l'on perçoit des idées franches et des sentiments profondément humains.

La dernière revue de cet artiste — et ici j'emploie le mot artiste dans son sens véritable — est de la meilleure veine. C'est d'un comique sans amertume et sans charge inutile, une étude spirituelle des misères humaines où il y a des mots cinglants, des situations cruelles, des répliques mordantes, mais où l'on sent en même temps une bonté, une douceur, une sincérité, qui sont la marque d'un grand coeur et d'un bel esprit.

Il ne suffit pas d'avoir de l'intelligence pour faire une bonne revue ou une comédie. Fridolin a en plus une sensibilité touchante, que le ridicule des mots et des scènes ne réussit pas à cacher.

Dans ses monologues, qu'il dit avec tout son être, avec un naturel digne des meilleurs comédiens, il y a une foule de remarques profondes qui vont au coeur ; il y a une sorte de tristesse se rattachant à certains souvenirs ; il y a des remarques d'une finesse d'observation et d'une vérité troublantes.

Il ne m'est pas arrivé souvent, dans ma vie de journaliste, d'avoir ce plaisir de louer presque sans réserve l'oeuvre de quelqu'un. Je le fais pour Fridolin, pour un comédien que de prétendus raffinés pourront « snobber », mais que je ne puis m'empêcher d'envier.

J'ignore si ce bon comique veut s'en tenir uniquement aux revues et aux « sketches ». En complétant sa culture et en acquérant de l'expérience, il pourra aller plus loin, beaucoup plus loin. »

Jean-Charles Harvey, Le Jour, mars 1943.

« On trouve dans Fridolinons '44 des charges savoureuses, parfois d'un comique féroce qui emporte le morceau ; puis c'est un souffle de poésie qui l'enlève dans le ciel bleu et la lumière... La satire y joue le rôle principal, et c'est par où le genre prend une importance de premier plan, car elle atteint une foule que les discours les plus éloquents et les articles les mieux élaborés laissent indifférents. La flèche est lancée comme en se jouant et, avant que l'auditeur songe à y apporter une reprise personnelle, déjà l'intérêt se porte ailleurs. Mais le trait reste... »
Marcellus, le Devoir, 14 février 1944

« Rien de plus à nous que la septième revue de Fridolin. Gratien Gélinas a conservé toute sa verve féroce et son impitoyable sens du réel. »
Marcel Valois, La Presse, 27 février 1944

« Admirons sans réticence Gratien Gélinas metteur en scène. Comme spectacle, je crois que c'est encore ce qu'on a vu de mieux présenté à Montréal. Les décors de Jacques Pelletier et les costumes de Marie-Laure Cabana sont des merveilles. C'est du grand art. »
Jean Desprez, Radiomonde, 19 février 1944

« Chaque année est pour les spectateurs des revues « Fridolinons » un point d'interrogation. Fridolin fera-t-il du nouveau cette année, sera-t-il égal à lui-même ? Pour l'humble soussigné de ces lignes, la question ne se posait même pas. Fridolin sera toujours ce qu'il a été, comme Charles Chaplin est resté ce qu'il fut toujours. »
Dominique Laberge, La Patrie, 14 février 1944

« Avec Fridolin l'unique, l'inimitable, chez qui se rejoignent sans se nuire jamais l'auteur, l'acteur et le metteur en scène, nous nous sommes promenés pendant trois heures, samedi, au pays du rire, de la blague, de l'esprit, de la satire et de l'art. Et cette promenade, à laquelle nous convie chaque printemps depuis sept années Gratien Gélinas, fut de beaucoup la plus attachante, la plus belle, la plus luxueuse. C'est en effet dans des décors et des costumes dignes de concurrencer ceux des meilleurs music-halls de New York ou des plus somptueuses boîtes du Paris d'avant-guerre que le sympathique gavroche nous livre la dernière édition de ses fridolinades. Ajoutez à cela les avalanches de boutades, de saillies, de trouvailles qui fusent sans interruption et qui suintent toutes l'esprit gouailleur, caustique ou tout simplement gaulois de leur auteur et l'on n'a plus à s'étonner des vagues de rires qui font crépiter la salle pendant toute la représentation. Et pour cela Gratien Gélinas a droit à notre admiration autant qu'à notre gratitude. »

Georges Berher, le Soleil, avril 1944

Table des matières

IL A ÉTÉ TIRÉ DE CET OUVRAGE
CENT EXEMPLAIRES HORS COMMERCE
NUMÉROTÉS DE 1 À 100

Achevé d'imprimer sur les presses de

L'IMPRIMERIE ELECTRA*
*Division de l'A.D.P. Inc.

Imprimé au Canada/Printed in Canada